사람 속에서 길을 찾다

사람 속에서 길을 찾다

초판 1쇄 발행 2018년 2월 23일

지은이 박영미
펴낸이 강수걸
기획 이수현
편집장 권경옥
편집 정선재 윤은미 박하늘바다 김향남 이송이
디자인 권문경 조은비
펴낸곳 산지니
등록 2005년 2월 7일 제333-3370000251002005000001호
주소 부산시 해운대구 수영강변대로 140 BCC 613호
전화 051-504-7070 | 팩스 051-507-7543
홈페이지 www.sanzinibook.com
전자우편 sanzini@sanzinibook.com
블로그 http://sanzinibook.tistory.com

ISBN 978-89-6545-486-1 03330

* 책값은 뒤표지에 있습니다.
* 이 도서의 국립중앙도서관 출판예정도서목록(CIP)은 서지정보유통지원시스템 홈페이지(http://seoji.nl.go.kr)와 국가자료공동목록시스템(http://www.nl.go.kr/kolisnet)에서 이용하실 수 있습니다.(CIP제어번호: CIP2018003820)

사람 속에서 길을 찾다

|**박영미** 지음|

산지니

더불어 행복한 세상을 꿈꾸며

늘 더불어 행복한 세상을 꿈꿔왔습니다. 어려운 분들에게 조금이라도 도움이 되고 싶어 활동하다 보면 더 어려운 사람들을 만나게 되고, 그 사람들과 함께하다 보면 또 더 힘든 사람을 만나게 되었습니다. 하루 24시간, 1년 365일이 부족할 만큼 바쁜 생활의 연속이었지만 사람들과 함께여서 행복했습니다. 그 속에서 많은 것을 배웠습니다.

경력이 단절된 채 힘들게 독박육아를 하던 엄마들이 마을에서 어린이도서관을 만들고, 어린이날 행사와 마을학교를 하고, 아빠들도 육아에 동참하게 합니다. 자기만 겪고 있는 문제라고 남부끄러워 말도 못하고 혼자 속앓이만 하던 사람들이 가족상담실을 만들었습니다. "우리는 늘 IMF였어요."라며 한숨짓던 여성 한부모들이 호주제 폐지와 국민기초생활보장법 제정에 큰 역할을 하였습니다. "결혼 안 하고 아이 낳은 게 죄는 아니다. 우리도 당당하게 살고 싶다"던 미혼모들, "우리도 공부하고 일하고 결혼하고 아이 기르며 살고 싶다. 사회인으로 당당히 살도록 도와 달라"는 장애인들, 가슴 한가득 사연을 쏟아내던 수많은 사람들과 함께 울고 웃으며 달려왔습니다.

최근에 열심히 했던 일이 미혼모가족 인권 향상입니다. 미혼모는 가족들조차 숨기고 싶어 하는 가장 낮은 사람들 중의 한 사람입니다. 우리 사회가 얼마나 행복한 사회인가를 보여주는 척도입니다. 이분들이 행복하다, 살 만하다고 말하는 사회를 만들고 싶습니다. 인생이 험난할 것을 알면서도 사랑하는 아이를 위해 십자가를 진 가장 높은 사람들이기도 합니다. 이분들이 멸시받고 불이익을 받는 사회는 정의롭지 않습니다. 정의로운 대한민국을 만들 때까지 함께한다고 약속했습니다. 우리 사회는 아직 많은 금기가 있습니다. 다름을 인정하지 못합니다. 다른 것이지 틀린 것은 아닙니다. 조금씩 달라도 다함께 행복한 공동체를 만들어가고자 하는 마음만 같다면, 우리 사회는 더 발전하고 행복해질 거라 생각합니다.

언론에 쓴 글들 중 일부를 실었습니다. 10년이 지난 글들인데도, 오늘 썼다고 해도 어색하지 않은 글들이 많았습니다. 지난 10년간 우리의 삶이 조금도 나아지지 않았거나 심지어 후퇴했다는 것을 보여주는 증거겠지요. 그때 해결되어야 할 문제들이 10년을 묵어 우리의 삶을 옭아매었습니다. 우리 삶의 구석구석 켜켜이 쌓인 적폐들이 청산되고, 평범한 사람들의 삶이 더 나아질 때까지 이게 나라냐? 이대로는 살 수 없다!는 촛불의 외침을 잊지 말아야겠습니다.

그동안 제 경험을 정리해볼 기회가 두 번쯤 있었습니다. 한 번은 2005년 한국여연으로 올라가면서 부산지역여성운동의 경험을 정리해보려고 했습니다. 또 한 번은 서울에 6년 동안 있으면서 뛰었던 전국적인 풀뿌리여성운동의 경험을 정리해보려고 했습니다. 그럼에도 일에 쫓겨 결국 책을 못 냈습니다. 한 번은 정리를 해야지 했던 해묵은 숙제를 해낸 느낌입니다.

이 책이 나오기까지 많은 분들의 도움이 있었습니다. 인터뷰를 맡아서 흐름을 잡아주시고 제 생각과 기억을 끌어내 주신 송성준 기자님이 없었더라면 책이 나오기 어려웠을 것입니다. 녹취를 맡아준 청년 민혁 님과 사진을 맡아준 이병철 님, 촉박한 시간에도 기꺼이 출간을 맡아주신 산지니 강수걸 대표님과 주말에도 일을 한 권경옥 편집장, 김향남 님께도 깊은 감사를 드립니다.

이제 한 굽이를 돌아 새로운 사람들 속으로 들어갑니다. 가슴이 뛰고 설렙니다. 멋진 그 사람들과 함께 또 새로운 시작을 하겠습니다.

2018년 2월

박영미

추천사

현장을 지킨 사람

한명숙 (전 국무총리)

사람 사는 세상!

모든 사람들이 꿈꾸는 세상입니다. 행복을 느끼며 남을 도와주고 서로 나누는 사회지요. 특권계급만 특혜를 받고 반칙하는 사람만 출세하는 세상이 아닌 가난한 사람도 평범한 사람도 열심히 일하면 잘사는 사회, 출세하는 데 그치지 않고 세계 1인자도 될 수 있는 사회가 아닌가요? 반칙이 없고 상식이 통하는 사회, 그래서 억울한 사람이 없는 사회를 만드는 것이 우리의 꿈이라고 생각합니다. 우리는 정의, 평등, 생명, 행복을 추구합니다. 더불어 같이 사는 지역균형발전을 추진하고, 특권계급만 잘살고 대다수의 서민들이 못사는 것이 아니라 함께 잘살기를 원합니다. 공존과 안전, 행복을 추구하고 만들어주는 나라를 원합니다. 우리는 지난 촛불항쟁을 거치며 그런 국민의 열망을 뜨겁게 경험했습니다. 때로는 역사가 후퇴하는 것처럼 보일지라도 길게 보면 역사는 앞으로 전진해왔습니다. 지난 정권 9년 동안 우리 민주주의가 말도 안 되게 후퇴했습니다. 그렇지만 우리 국민들이 이것을 용납하지 않았습니다. 우리 국민들은 아주 대단한 사람들이에요.

박 대표는 늘 현장을 지킨 사람으로 기억됩니다. 박 대표를 알게 된 것은 박 대표가 한국여연 대표로 활동할 때쯤일 것입니다. 부산여성회 회장을 하면서 여연 조직위원장으로 일할 때도, 서울에 올라와 여연 대표로 일할 때도, 한결같이 여성들의 삶의 현장에 파고들어 그들의 아픔을 해결하기 위해서 뛰었습니다. IMF시기 어려운 여성들을 만나고 조직하고, 한부모들, 미혼모들 속에서 힘들고 어려운 여성들과 함께 문제를 해결하기 위해 앞장서서 뛰었습니다. 전국을 다니며 시군을 넘어 동 단위 여성모임을 만드는 걸 돕고 풀뿌리 민주주의의 힘을 키워냈습니다. 박 대표는 사람 사는 세상을 만드는 데 온몸으로 실천한 사람이죠.

김대중 정부, 노무현 정부에 이어 세 번째 민주정부 문재인 정부가 들어섰습니다. 그러나 장벽이 많습니다. 국정농단으로 헝클어진 나라를 물려받지 않았습니까? 아직 정치는 바뀌지 않았습니다. 우리나라 정치가 너무 비합리적인 면이 많죠. 아직 바뀔 게 많다고 봅니다. 국민의 이익보다 사익을 우선하는 정치이며, 여전히 막말도 끊이지 않고 있습니다. 협상과 타협보다는 대결주의로 가는 걸 많이 보죠. 이런 면들이 우리나라 정치의 현실입니다. 과거청산을 정치보복이라고 적반하장으로

우기는 모습도 보고 있습니다. 분단도 그대로입니다. 남북 간의 화해 협력은 여전히 난관이 많습니다.

결론은 시민의 자각입니다. "민주주의의 최후 보루는 깨어 있는 시민들의 조직된 힘입니다." "결국 시민의 생각이 가장 중요합니다. 시민의 생각이 역사가 됩니다." 노무현 대통령님이 말씀하셨지요. "민주주의는 국민이 생각하고 행동하는 만큼만 가는 겁니다. 우리 민주주의는 어디서 뚝 떨어지는 게 아니죠. 결국 민주주의의 미래는 우리 한 사람 한 사람이 생각하고 행동하는 것만큼만 열려갑니다." 이렇게 말씀하셨어요.

박 대표가 끊임없이 사람 속으로 들어간 이유도 여기에 있다고 생각합니다. 우리 사회를 발전시킨 힘, 민주주의를 이뤄낸 힘이 바로 깨어 있는 시민이고 그들의 조직된 힘이지요. 박 대표는 이 진리를 자신의 활동의 기준으로 삼고 살아왔다고 생각합니다.

박 대표는 『사람 속에서 길을 찾다』에서 이렇게 이야기하고 있습니다.
"여성들이 무기력하게 살았는데 마을도서관을 하면서 내 힘이 커진다, 연대감도 커지고 이런 활동을 주로 한 거잖아요. 지금 미혼모 엄마들을 보면 옛날에 봤던 미혼모 엄마들하고 다르단 말이에요. 그 엄마들이 정말 하나는 억울하다는 것이었고 하나는 걱정된다는 것이었거든요. 정말 당당해지고 자기 힘을 느끼고 있고 사회 문제에 더 많은 관심을 갖고 미혼모 문제뿐만 아니라 연관된 문제에도 관심을 가져야 한다고, 이렇게 성장을 하잖아요?"

박 대표의 이런 노력들이 쌓여서 우리 사회가 더 따뜻해지고 우리 민주주의의 뿌리가 더 튼튼해져가고 있다는 생각에 제 마음이 훈훈해집니다. 박 대표가 앞으로도 한결같이 사람 속에서 길을 찾으며 사람 사는 세상을 향한 당당한 걸음을 계속할 것이라 기대합니다.

추천사

가장자리의 삶

박원순 (서울특별시장)

가장자리란 이 세상에서 가장 허름하고 낮은 자리를 뜻합니다. 배고프고 고생스럽고 불편한 곳입니다. 그러나 동시에 가장 귀한 사람들이 머무는 곳이기도 합니다. 가장자리에서 머물고 어울리다 보면 겸허와 감사, 인내와 희생을 배울 수 있기 때문입니다. '중심'에서만 살아본 사람은 절대 얻을 수 없는 인생의 깊은 정수를 가장자리에서 배울 수 있습니다. 그야말로 산 교육의 장입니다.

박영미 대표의 첫 '가장자리'는 좁은 공장이었습니다. 20대 초반 제 발로 공단에 가서 일하고 살았다고 합니다. 빽빽하게 라인이 들어찬 공장은 먼지가 가득했습니다. 예고 없는 야근은 일상이었고, 잔업은 시도 때도 없었습니다. 기숙사도 무척이나 열악해서 난방이 잘 들어오지 않았다고 합니다. 물을 떠 두고 자면 아침에 꽁꽁 얼어 있을 정도였다고 하니까요.

그의 관심은 자연히 여성의 삶으로 옮아갔습니다. 치열하게 살아가고는 있지만 막막한 현실을 마주하기 일쑤인 여성들을 만났기 때문입니다. 뜨거운 애정을 가지고 여성들의 삶을 위해 함께 분투했습니다. 주부들을 만나고, IMF 때 해고된 여성 실업자들을 만났습니다. 한부모 여성들과 미혼모들을 만나 그들의 어려움을 덜기 위해 마음을 온통 쏟았습니다. 여전히 가장자리의 사람들과 연대하는 삶이었습니다.

가장자리의 삶은 '마을'로 이어졌습니다. 서울과 부산은 물론 수많은 도시들이 공통적으로 '공동체의 붕괴'라는 문제를 가지고 있습니다. 공동체가 채워주던 것들이 빠져나간 자리에는 외로움과 고통이 남았습니다. 도시 곳곳이 가장자리가 되었습니다. 박영미 대표는 마을 공동체를 만드는 일에 몰두하며 사회적 우정을 채우는 일을 했습니다. 부산에서 커뮤니티뉴딜사업과 건강마을사업에 참여했고 산복도로르네상스 프로젝트에도 힘을 보탰습니다.

정치는 사람들의 마음을 읽어 의제를 만들어내고 현실을 바꾸어내기 위한 정책을 실행하는 일입니다. 그런 관점에서 박영미 대표의 삶은 정치의 여정이었습니다. 가장자리에서 여성을 위해, 시민을 위해 이야기를 듣고 마음을 쏟으며 사회변화를 만들어 온 사람이니까요. 박영미 대표의 정치 여정과 앞으로의 비전이 고스란히 담겨 있는 이 책이 많은 분들에게 따뜻한 충격으로 다가갔으면 좋겠습니다.

차례

01

사람 속에서

송성준

박영미

인터뷰어 송성준(SBS 기자)

녹취 민혁 / 사진 이병철

2018년 1월 21일 산지니 출판사에서

연탄 두 장, 쌀 한 봉지

— 흔히 사람을 꽃에 비유하기도 하는데 우리 박영미 대표는 어떤 꽃이 어울릴까요?

꽃에 비유해본 적은 없는 것 같은데, 저는 어릴 때부터 개나리를 좋아했습니다. 개나리가 노란색이잖아요. 또 한데 많이 모여서 피잖아요. 개나리가 노랗게 쭉 피어 있는 곳을 지나가면 굉장히 밝고 화사한 느낌이 들면서 기분이 참 좋아지죠. 개나리는 이제 봄이 확실하게 시작된다는 걸 알려주는 봄의 전령사라고 해야 할까요? 그게 좋더라고요. 그래서 희망적이고.

— 원래 노란색을 좋아하나요?

원래 노란색을 좋아했어요. 어릴 때부터 노란색을 많이 좋아했는데 사람들이 그러는 거예요. 노란색을 좋아하면 질투심이 많다고. 질투심이 많다, 질투를 한다, 이런 감정은 나쁘다고 생각하니까 제가 노란색을 좋아한다는 말을 못하고, 또 노란색을 좋아하면 안 될 것 같아서 연두색으로 바꿨죠. 연두색을 좋아한다고 생각했고, 그렇게 말했어요. 제 아이디를 연두라고도 하고 푸른이라고도 할 정도로 좋아한다고 생각했는데, 정말 좋아하는 색은 노란색이었어요.

— 새로운 사실을 알았네요. 혹시 노란색 옷을 입은 적이 있나요?

스물다섯 살에 공장 다닐 때 하얀 바지에 노란색 셔츠를 입은 적이 있었는데, 제가 지금도 기억할 정도로 기분이 좋았어요. 그래서 내가 진짜 좋아하는 색은 노란색이라는 것을 알았죠. 별 의미가 없는 말도 어린아이들의 사고와 행동을 억압할 수 있죠. 우리 사회가 사람들의 개성과 선택에 좀 더 관용적이라면 우리 아이들이 짓눌리지 않고 자기 개성을 발휘하면서 더 즐겁고 밝게 살 수 있을 것 같아요.

— 스물다섯 살 나이면 정말 꽃 같은 나인데 말이죠. 근데 우리 박 대표께서 살아오신 걸 쭉 보면, 어찌 보면 노란색하고는 별로 어울리지 않는 그런 것 같은데 말이죠.

근데 제가 어떻게 보면 노란색과 어울리는 심성을 가졌다는 생각을 해보기도 해요. 사람들이 생각할 때 험난하다, 거세다, 하는 데서도 살아왔는데, 크게 마음 다치지 않고 잘 살아왔던 것 같아요. 일에 지쳐서 사람이 변하거나 아니면 내가 하는 일을 포기하게 될 수도 있는데 말이에요. 더불어민주당은 파란색인데, 파란색 옷도 제게 잘 어울려요.

— 61년생이잖아요 소띠고. 3남 5녀 중에서 일곱째 막내딸이네요. 가족이 상당히 많네요. 그 당시에는 어느 가정이나 그렇겠지만 상당히.

그때는 육남매는 보통이죠. 저 어릴 때는….

— 우리 집도 육남매거든요.

사남매도 적은 편이고 자녀가 두 명만 있는 경우는 굉장히 드물었고요, 저희처럼 팔남매다 그러면 조금 많은 축에는 속했지요.

— 가정형편은 어땠습니까?

좀 많이 가난했어요. 범천동 철도공작창에 붙어 있는 하천부지에서 살았어요. 동서고가도로가 생기면서 지금은 헐리고 이사를 했지만요.

— 어느 정도로?

언니들 말로는 제가 태어나기 전에는 잘살던 시절도 있었다고 하던데요. 제가 기억하는 한에서는 가난했죠. 중학교 들어가기 전까지는 저녁에 밥을 먹은 적이 별로 없어요. 늘 고구마, 국수, 또 쑥털털이 이런 걸 먹었어요. 어린 시절에 어머니 심부름으로 연탄 두 장, 쌀 한 봉지 사가지고 온 기억이 지금도 나거든요.

— 그리고 뭐 기성회비를 못 낸 적도 있다고.

아 네. 그때는 초등학교가 의무교육이 아니었잖아요. 기성회비를 못 내면 학교를 그만둬야 하는데 3학년 2학기 때였던가 봐요. 특히 가난해서 기성회비도 못 내고 학교소풍도 못 가고 그랬을 때, 한 서너 달 밀렸던 것 같아요. 4학년 올라와서도 회비를 못 내니까 선생님이 수업 중간에 나오라 해서 집에 갔다 오라고 그랬던 적이 있었어요. 그때 못낸 애들이 많았죠. 한 반에 70명 있었는데 대여섯 명이 못 낼 정도였죠.

— 그 당시에 회비를 못 낸 것에 대해 마음에 상처가 남아 있나요? 어떻습니까?

그때는 마음이 안 좋았죠. 집에 가봤자 돈도 없지요. 그때 어머니가 아프셨는데 회비 못 내서 학교에서 쫓겨 왔다면 어머니가 가슴 아플 거고요. 저희는 어릴 때 대부분 부모님들이 열심히 일하고 살림하고 이런 모습을 많이 봤기 때문에 가난하다고 해서 부모를 원망하고 그런 건 없었어요. 그래도 창피했죠. 가난한 것이 자랑스럽다고 생각하는 사람은 없잖아요. 회비 못 내서 집에 쫓겨 갔으니까 친구들과 동네사람들에게 창피하기는 했죠.

— 그런 유년시절의 가난은 생활 속에 한 칸 차지하면서 공존하는 부분이니까요, 그럼에도 불구하고 상당히 공부도 잘하고 그랬잖아요. 그 당시는 어린 시절이지만 가난에 대해서 고민이 많았을 것 같은데요.

가난을 벗 삼아서 살아가는 사람들에 대한 책도 읽기도 하고 그랬지요. 가난은 사람을 움츠러들게 만들고, 내가 뭔가 하고 싶은 걸 다 못하게도 만들죠. 가난해서 언니들이 학교 진학을 못하고 그만둔다든지, 저보다 더 가난한 친구들이 초등학교도 그만두고 공장에 가는 것을 보면서 가난이라는 게 얼마나 힘든가 하는 것들을 많이 느꼈죠. 그래서 제가 이 가난을 벗어나기 위해서는 어떻게 해야 하나 생각을 많이 했어요. 책에서 보니까 모두 열심히 공부해서 여러 가지 전문직을 가지면서 가난에서 벗어나더라고요.

그래서 제가 초등학교 3학년 때 뜻을 세웠어요. 공부를 열심히 해 가난에서 벗어나고 우리 집안도 부유하게 해야겠다. 그때부터 예습 · 복습을 했죠. 이후에 친구들이랑 얘기해보니까 초등

3학년 때 아무도 안 시켰는데 자기 혼자서 예습·복습한 애는 나 하나뿐이더라고요. 서울대 친구들도 그렇더군요. 그래서 3학년 2학기 때부터 공부를 잘하고 4학년부터는 학교에서 월등하게 공부를 잘했죠.

— 하하하 가난이 사람을 단련시켰네요. 근데 가난했지만 항상 손님이 끊이질 않았다고요? 우리 집도 사실 좀 그랬거든요.

어머니 아버지가 사람을 좋아했어요. 사람들이 오는 것을 반기셨죠. 어머니 아버지가 사람을 좋아하다 보니까 그 사람들의 어려운 사정 이야기도 잘 들어주고 또 잘 풀리도록 도와주니까 사람들이 많이 찾아왔죠. 어머니 아버지 고향이 거창인데, 거창에서 젊었을 때 부산에 오셨거든요. 전쟁 끝나고 일찍이 오다 보니까 거창에서 살고 계시는 친척이나 이웃들이 부산에 내려와서 일자리를 얻으려고 하면 어딘가에서 숙식을 해결해야 하잖아요. 친척들은 친척대로 우리 집에 오고, 친척이 부산에 없는 분들도 우리 집에 오는 거예요. 우리 아버지한테 사정을 말하고, 아버지는 무조건 우리 집에 있으라고 하시고요. 그러다가 그 사람들이 자리를 잡고 정착이 되면, 추석이나 설 명절이면 고맙다고 또 인사하러 오고요. 설날하고 일주일 내내 손님이 오거든요. 그러다 보니 손님이 많았죠.

— 대신에 어머니를 비롯해서 가족들은 엄청 불편했겠네요.

어머니도 같이 좋아하시니까, 어머니께서 불평하는 소리를 별로 못 들었던 것 같아요. 대신에 언니들 오빠들이 어릴 때 불평을 좀 했죠. 오시면 뭘 하고 있었든지 간에 일단 인사를 드려야 하고, 음식을 차려 내야 하잖아요. 어머니가 아팠기 때문에 언니들이 음식을 차려야 했는데 우리 집이 가난하니까 차릴 음식이 없어요. 그런데도 차려야 하니까 그게 힘든 거죠. 동네 사람들이 우리 집을 '거창여인숙'이라고 부르기도 했습니다.

— 거창여인숙 좋네.

거창 사람들은 다 이 집에 와서 자고 간다고.

— 듣고 보니 우리 집도 그랬거든요. 아버지가 술 좋아하고 주위에 사람이 많아 손님이 1년 365일 와요. 그래서 엄마가 말할 수 없이 힘들었지요. 박 대표는 어릴 때 가난했던 기억과 생활 속에서 나름대로 공부를 하고 전문적으로 직업을 가져서 우리 집안을 일으키겠다, 그런 생각을 하셨는데 공부는 어땠습니까?

공부의 목표가 분명했으니 열심히 했고 또 잘했어요. 다행히 재미도 있었죠. 그래서 틈나는 대로 공부를 했죠. 또 부모님과 언니들의 영향으로 책도 많이 읽었고, 여러 방면에서 지식이 풍부한 청소년 시절을 보냈죠.

도서반을 만들다

— 학창시절에 별명 같은 거 있었습니까?

초등학교 1학년 때 키가 너무 작았어요. 같은 학년 애들이 저보고 땅꼬마라고 불렀어요. 제가 얼마나 작았냐면, 어린 시절 통신부에 1미터 6센티라 적혀 있더라고요. 그 뒤로 별명이 없다가 교회 남학생들 사이에서 눈사람이라고 불렸대요. 제가 초등학교 6학년 때부터 그 교회를 다녔는데 남학생들과 별로 친하지 않았어요. 그러다 고등학교 2학년 때 문학의 밤 행사에 시낭송으로 참여해서 남학생들과도 많이 친해졌는데, 그때 말하더군요. 자기들끼리 저를 눈사람이라고 불렀다고.

— 왜 눈사람인가요?

눈사람은 하루 종일 세워놓아도 말을 안 하잖아요. 제가 그렇게 말을 안 했나 봐요. 얼마 전에 만난 중학교 국어선생님도 제가 너무 조용해서 사회운동을 하고 정치를 하게 될 줄은 생각도 못 하셨대요. 알고 보면 그때나 지금이나 뜨거운 가슴의 눈

사람이었답니다.

— 박 대표에게 있어서 아버지는 어떤 분이었어요?

아버지는 경우 바르고 인정 많고 담력이 세서 남에게 꿀리지 않고 할 말 다하고 사신 분이죠. 어린 나에게는 무섭기도 하고 존경스럽기도 하고 부럽기도 한 아버지였죠. 한편으로는 자기 주장을 조금 내려놓고, 자기가 다 풀어야 한다고 생각하지 말고 조금 더 다른 사람에게 귀를 기울이는 분이면 좋겠다는 생각을 했습니다. 왜냐하면 자식들이 아버지의 기침소리에도 놀랄 정도였으니까요.

— 박 대표는 아버지 성품을 더 많이 닮았다고 봅니까, 어머니 성품을 닮았다고 봅니까?

누구를 더 닮았는지 잘 모르겠어요. 우리 아버지는 자부심이 강하고 사교적이고 성격도 활달합니다. 몸도 날래서 무서워하는 것이 없었어요. 어떤 문제가 생기면 바로 탁 풀어야 하고, 꾀도 많아서 일처리도 잘하셨어요. 걱정 근심도 별로 안 하시고. 부자도 아니고 가방끈도 짧았는데 모임의 장을 많이 했고 남들이 무시를 못 했죠. 어머니는 조금 넉넉한 집안의 외동딸로 자라 할머니 할아버지와 오빠들의 사랑을 독차지했다고 해요. 좀 의존적인 성격을 갖고 계셨죠. 저는 중간이라고 해야 하

나. 겉모습은 아버지를 조금 더 닮았어요. 아버지의 성격이 부럽기도 하죠. 사회활동을 해보면요. 제가 결단력이 있는 편인데 그런 점은 아버지를 닮은 것 같아요.

— 책을 많이 읽고, 도서반 활동도 하고, 교회에서 문학의 밤도 하고…. 고등학교 시절 시험공부만 하지는 않았던 모양이죠?

대학에 들어가기 전에 가장 기억에 남는 일을 말하라고 하면 책과 도서반입니다. 언니들 덕분에 어릴 때부터 책 읽는 재미를 알게 되었습니다. 제가 글을 깨칠 무렵 10대였던 언니들은 도시락과 책을 들고 하단 갈대밭, 에덴공원, 태종대, 해운대 등 부산의 풍광 좋은 곳으로 독서소풍을 즐겼습니다. 때로 언니들은 보수동 헌책방골목에 가서 책을 한 아름씩 사 왔습니다. 나 보라고 사 온 책들을 다 읽으면 언니들 책도 보곤 했었습니다. 다섯 자매가 풀밭에 누워 책을 보는 장면, 언니들 책갈피에 꽂혀 있는 낙엽, 언니들이 들고 온 헌책 보따리 등의 모습은 아직도 아련합니다. 이런 소중한 추억을 만들어준 언니들이 지금도 감사하지요.
부일여중 도서실, 도서반원이 아니면 대출할 수는 없었지만 저녁 8시까지 도서실에서 책을 볼 수는 있었습니다. 거의 매일 방과 후에 친구들과 함께 수다 떨다가 공부도 좀 하고 도서실에 가서 책을 보고 집으로 가는 것이 저의 일과였습니다. 중학교 시절, 시험에 대한 압박도 없이 친구들과 도서실이 있어 가장 행복했던 학창시절이었습니다.

데레사여고에 가자마자 도서반 가입을 문의했습니다. 부일여중에서는 도서반원만 대출을 해주었고, 1학년 초에 가입하지 않으면 도서반원이 될 수 없었는데, 그때 저는 정보를 몰라 가입 시기를 놓쳐 책을 빌릴 수 없었습니다. 그래서 고등학교에 가면 가장 먼저 도서반부터 가입하려고 마음먹었었죠. 그런데 데레사여고에는 도서반도 없었고, 도서실이 독서실처럼 사용되고 있는 거예요. 저는 포기할 수가 없었어요. 도서반을 만들려면 지도교사가 있어야 하고, 도서관 사용을 교장선생님께 허락받아야 했어요. 마침 담임선생님이 국어교사라 지도교사 문제는 잘 풀렸는데 교장선생님이 허락하지 않는 거예요. 공부 분위기 해친다고. 교장선생님과 언쟁도 하고 울기도 하면서 1주일 만에 허락을 받아냈어요. 그때는 교장선생님이 참 야속했는데 지금 생각해보면 참 멋진 교장선생님이었습니다. 학생들의 자발적 요구와 행동을 권위로 꺾지 않은 분이었으니까요.

이렇게 만든 도서반이니까 애정이 각별했습니다. 한 달에 한 번씩 독서토론회를 하고, 다른 학교에 원정도 가고, 신입생도 뽑고. 대입 준비에 한창 몰두해야 할 3학년 초까지도 도서반 운영에 열을 올렸습니다. 그때 1학년 후배 중 한 명이 지금은 여성가족부에서 국장으로 일하고 있습니다.

대학 새내기, 그해 첫눈

— 서울대 사회학과 갈 정도면 전교에서 탑 10 안에 들어갈 정도는 되잖아요?

그렇죠 뭐 항상… 하하….

— 공부를 악착같이 했네요. 서울대 사회학과는, 왜 사회학과를 지망했죠?

그때 제가 다양한 방면의 책을 많이 읽었었죠. 그래서 관심사가 여러 분야로 뻗어나갔던 것 같아요. 소설을 굉장히 좋아하고 많이 읽다 보니 작가가 되고 싶었죠. 근데 제가 그 정도의 필력은 안 되겠다는 판단이 서서 작가의 꿈은 접었지만 문학 공부는 하고 싶었어요.

또 역사에 대한 관심도 많았어요. 중학교 때 삼국지도 읽었고, 어머니 아버지가 보시던 궁중비사도 읽었어요. 도서반 활동도 열심히 해서 사회 문제의식을 담은 책도 많이 보고 토론도 많이 했죠. 또 1979년인가요? 국제신문 사건이 있었잖아요. 기사

안 나오던 때요. 국제신문도 열심히 읽어서 김영삼, 김대중, 신민당, YH사건 이런 정치적인 상황을 잘 알았거든요. 그러다 보니 사회현실과 역사에 관심이 컸어요.

한편으로 교회도 다니고 또 책도 보면서 어떻게 사는 게 정말 참되고 인간답게 사는 것일까? 그런 고민을 많이 했어요. 그때 우리는 이런 얘기를 많이 들었잖아요? 무엇이 될까보다 어떻게 사느냐가 중요하다고요. 이랬기 때문에 철학을 공부하고 싶은 마음도 컸죠.

문학 역사 철학을 다 공부하고 싶은데 과가 다 다르더라고요. 이걸 다 공부할 수 있는 방법이 뭘까 궁리하고 있는데 사회학과가 있는 거예요. 제 마음대로 사회학과를 해석해서, 사회의 역사이고 사회 사람들이 살아가는 철학이고 사회의 어떤 문학이니까 사회학과 가면 이 공부를 다 할 수 있겠구나, 싶었어요. 그래서 사회학과가 있는 사회대로 갔죠. 그때 가족 중에 유일하게 대학 다니던 오빠가 군대에 가 있어서 의논을 못 했어요. 대학 진학과 관련된 일을 저 혼자 다 했거든요. 그때는 선생님들이 그런 상담을 안 해줬는지, 공부를 잘하니 그런 것도 다 알아서 잘할 거라고 믿었는지, 어쨌든 진학 지도를 받지 못했어요. 가서 보니까 사회학과가 그런 곳은 아니더군요.

— 본격적으로 박 대표의 사회활동을 얘기하기 전에, 사람은 누구나 다 인생의 변곡점이 있잖아요. 박 대표에게 변곡점이 있다면 어떤 시기에 어떤 계기가 있을까요?

아주 어릴 때 공부를 열심히 해야겠다고 결심했던 그 변곡점은 놔두고요. 성인이 되어서 맞이한 첫 변곡점이 뭐냐면 음… 10월 23일이라는 날짜를 기억합니다. 그때가 대학교 1학년이었는데 그날 첫눈이 내렸어요. 서울에 와서 처음 맞는 눈이죠. 부산은 눈이 잘 안 오지 않습니까? 학생회관에 앉아 있는데 사람들이 막 나가더라고요. 웅성웅성하고. 그래서 왜 그러지? 하고 밖으로 나가 보니까 학생회관하고 도서관하고 본관 사이에 있는 아크로폴리스 광장에 학생들이 쫙 서 있는 거예요. 도서관 위에도 서 있고 온갖 곳에 다 서 있는 거예요. 모두가 〈아침이슬〉 노래를 부르고, 그 위로 함박눈이 펄펄 내리고 있었어요. 그 장엄한 순간에 내가 어떻게 살까? 무엇을 해야 할까? 고민했던 것들이 한순간에 정리되면서, 나는 우리 사회를 변화시키는 데 기여를 해야겠다, 그런 삶을 살아야겠다, 이런 결심이 서더라고요.

— 그때까지만 해도 학생운동에 참여하기 전인가요?

제가 학생운동 서클에는 참여를 했었어요. 그때는 대학에 입학하면 거의 대부분 선배들 권유로 참여하게 돼요. 학습서클이죠. 학습서클에 참여해서 세미나를 하고 때로는 농활도 따라가고 이러는데, 그건 그냥 남들 따라 해보는 거죠. 이렇게 해야 되겠다 결심하고 하는 건 아니거든요. 그래서 1학년에서 2학년 올라가는 시점에 많이 그만두기도 하는데, 저는 첫눈 오는 날 시위에서 내가 아는 대로 실천하는 삶을 살아야겠다고 결심을 한 거죠.

— 여학생이 별로 없는 사회대에서 여학생 서클을 만들었다고요?

2학년 때였어요. 겨울방학 들어가기 전에 사회대 1~2학년 여학생 서클을 만들었어요. 저는 조용한 성격이었지만 새로운 사람을 만나고 대화하는 것이 즐거웠고, 공부를 좋아했고, 토론에 열정적이어서 모임과 활동이 좋았어요. 우리는 대학생활에서 여자라고 차별은 거의 받지 않았어요. 일반 여성들은 가정과 직장, 사회에서 차별을 많이 받고 사람 취급을 못 받는 경우도 많았죠. 그래서 우리의 관심사도 우리 사회의 다수 여성들이 겪고 있는 어려움에 가 있었습니다.

노동현장 체험

— 어떻게 보면 부산에서, 아니 부산뿐 아니라 전국적으로 폭넓은 사회활동 · 사회문제에 있어서 박영미 대표를 빼놓고 얘기할 수 없다는 생각도 들거든요. 먼저 학교 다니면서 학생운동 경험을 하고 현장에 가서 여성노동자도 만났다고 하던데요. 그 당시에 학생이라는 신분으로 현장에 가는 게 결코 쉽지는 않았을 텐데요.

그때는 많은 분들이 노동현장으로 갔기 때문에 제가 특별하다고 할 수는 없고요. 대학교 2학년 겨울방학 때 공장에 들어가서 한 달 보름 정도 일하며 기숙사 생활도 한 달 정도 했어요. 10대 중반부터 20대 중반의 젊은 여성들이 일하는 의류공장이었는데요. 좁은 공장 안에 빽빽하게 라인이 있고, 먼지가 가득하고, 시도 때도 없이 잔업과 야근을 시키고, 게다가 8시에 업무가 시작되면 7시 30분까지 오게 해요. 못 오면 반장들이 빗자루로 엉덩이를 진짜 아프게 사정없이 때렸는데 그런 모습들이 굉장히 충격이었어요. 기숙사도 형편없고 밤에 잘 때 물 떠 놓고 자면 그 물이 아침이면 꽁꽁 얼어 있을 정도로 추웠죠. 머리도 찬물로 감거나 포트에 물 좀 데워가지고… 그때 유행했던 게 라면도 끓이고 그럴 수 있는 약간 솥 비슷한 전자제품이 있었는데 거기에 물을 몰래몰래 끓여서 머리도 감고 그랬죠. 이런 노동환경은 변해야 한다는 생각을 했어요.

— 노동조건이 많이 안 좋았네요. 보니까 한상진 교수하고 인연이 좀 있는 것 같더라고요. 한상진 교수님과 그 당시에 만났나요?

제가 3학년 2학기 때 공장에 들어갔는데 한상진 선생님은 그 즈음에 서울대로 오신 것 같아요. 제가 학교를 그만두고 공장을 간 게 아니라 학교에 적을 두고 수업만 빠지는 상태로 갔어요. 제 인생에서 공장 활동이 배움이라고 생각했던 한편, 졸업하고 대학원을 갈 수도 있는 열린 상태였기 때문에요. 4학년 1학기 때 전공필수로 그 교수님 수업을 들어야 했습니다. 그런데 다른 과목은 시험 치고 리포트 내면 되는데 한상진 교수님만 출석체크를 하신 거예요. 출석을 못 하니 그러면 리포트라도 충실하게 내달라고 말씀하셨던 것 같아요. 세월이 흐른 후에 선생님께 제가 공장에 간 줄 알고 있었냐고 물어보니까 알고 있었다고 하더라고요.

— 당시 구로공단은 많이 열악했지요?

그렇죠. 공장들은 다 비슷하게 환경이 나빴어요. 한 군데는 솜점퍼를 만드는 공장인데 얼마나 먼지가 많던지 말이 안 나오고 목에서 피가 나와 한 달 만에 그만두었습니다. 거기는 일이 하도 험하니까 기혼여성노동자들이 많았어요. 80년대 초반부터 기혼여성노동자들이 생기기 시작했죠. 70년대까지는 거의 없었거든요. 미싱은 오래 했는데 조금 더 조건 좋은 회사에서는 안 받아주는 그런 기혼여성들이 절반을 차지하고 있었어요. 당시에는 미혼여성들이 결혼하면 이 일을 그만두고 예쁜 꽃분홍 앞치마를 입고 된장찌개를 보글보글 끓여서 일하고 돌아오는 남편을 기다리는 현모양처를 꿈꾸던 시절이었지요. 현모양처의 꿈을 이룰 수 없었던 사람들이 나와서 일을 하는 거잖아요. 그때 공장에서는 언니들이 아주 거칠게 싸우는 적이 많았어요. 노동 강도가 세니까 자연히 앞뒤 사람들하고 싸우게 되더라고요. "니 눈깔을 빼서 물을 쪽 빼서 어쩌고저쩌고" 그런 엄청 심한 욕을 듣고 제가 너무 놀랐죠. 회식 자리에서는 자신의 생활과 노동에서 겪는 고달픔을 노래와 춤으로 다 토해내는 걸 보면서 가슴이 찡하기도 했지요. 제가 대학교 때는 나이트클럽에 한 번도 안 가봤는데 그 공장에서 언니들 덕분에 막춤과 트로트를 배웠죠. 그게 굉장히 기억에 남네요.

또 퇴사한 후 체불임금을 받느라 몇 번 가다 보니까 앞선 사람들 따라서 노동부에 진정도 했어요. 그런데 노동부에서는 진정 건은 빨리 해결 안 해주고 우리가 어느 회사 다니는가만 꼬치꼬치 캐묻는 거예요. 모두 다 열 받아서, 노동부 사무소에 몰려가서 막 따지다가 분해서 복도에 주저앉아 울고불고 했는데, 농성처럼 되어버렸죠.

— 공장 다니는 게 힘들지 않았나요?

일이 힘들긴 힘들었지요. 그런데 공장에서 하는 일이라는 게 나 혼자 힘든 일 하는 게 아니라 여러 사람들이 같이 하는 거잖아요. 그리고 거기에서도 생활이 있지 않습니까? 내가 힘들게 일하면 옆 사람이 도와주고 또 저 사람이 힘들면 내가 도와주고요. 라인작업을 하니까 같이 노래도 불러가면서 연애상담도 하면서 그렇게 하기 때문에 살아지더라고요.

— 어쩌면 노동현장에서의 경험이 여성문제, 노동문제, 가족문제, 복지, 인간적인 삶 이런 부분의 큰 의식 기반이 되었다고 볼 수 있겠네요.

그렇죠. 일단 제가 다른 사람들보다 노동현장에서 수월하게 적응했다고 볼 수 있거든요. 일이 힘들지 다른 건 힘든 게 없이 즐겁게 지냈거든요. 그 이유는 어릴 때 제가 살았던 동네에 공장 다니는 사람들이 굉장히 많았기 때문인 것 같아요. 우리 언니도 공장을 다녔고요. 언니 친구들이 저 어릴 때 많이 데리고 다녔거든요. 옛날에는 동생들 데리고 놀러 다녔잖아요. 그래서 뭐 언니들 따라 유원지도 가고 영화도 보러 같이 가고 했기 때문에 그런 사람들에게 익숙했던 거죠. 그래서 공장 언니들 동생들하고 적응하는 데 어려움이 없었고, 이야기를 많이 나누면서 살았던 거죠. 그분들이 형편이 어렵고 공부를 못 해서 이 일을 하게 됐을 뿐이지 우리하고 다른 건 하나도 없잖아요. 그렇기 때문에 믿음, 존중 이런 게 기본적으로 있었던 거죠.

1987

— 그때 노동현장에 있으면서 건강도 상당히 버렸다고요. 1987년 6월항쟁 때는 정작 참여를 못했고요?

두 번째 공장에서 허리도 제대로 못 펴고 미싱을 밟았어요. 툭하면 잔업하고 야근하고 주말에도 일하고 이런 식으로 쉬지를 못해서 몸이 많이 상했죠. 그다음 회사는 컨베이어 벨트가 돌아가는 전자회사였으니까, 계속 앉아서 일을 하는 작업이고 또 저녁에 활동하느라 잠을 많이 못 잤지요. 해고 후에는 밥도 잘 못 먹고 했으니 건강이 나빠질 수밖에 없었죠. 하필이며 6월 항쟁 기간에 몸의 균형이 깨져서 잠도 거의 못 잘 정도로 악화되었고, 결국 6월항쟁에 참여도 못 했어요. 그래서 제가 이번 촛불에 참여했을 때 너무 감격스러웠죠.

— 그러면 6월항쟁의 열기는 어떻게 접했습니까?

그때는 의왕에서 살 때였어요. 저는 못 나갔지만 친구를 통해 6월항쟁의 열기를 느낄 수 있었죠. 6·10 그 무렵 친구가 퇴근

후 버스를 타고 오는데 경기도 안양 인덕원 사거리에서 시위대 때문에 버스가 멈춰 서고 승객들이 다 시위대에 합류했다는 거예요. 거기서 시민자유발언이 벌어지고 저하고 같이 살던 친구가 자유발언을 했는데 시민들의 박수를 엄청나게 받았대요. 이 친구가 노동운동 하다가 잘리고 그 뜻을 못 폈는데 그날부터 물 만난 고기처럼 시위대를 따라 다니며 연설을 했습니다. 저녁에 집에 와서 저에게 무용담을 다 이야기해주고요. 저는 그 얘기를 누워서 듣고 좋아했죠. 6 · 29 이후 연세대 운동장에서 집회가 있었을 때 그 친구는 자기 소원대로 수만 명의 시민들 앞에서 일반 노동자 대표로 연설을 했죠. 저는 그 모습도 못 봤지만요.

— 6월항쟁이 박 대표에게도 의미가 참 컸겠습니다.

1987년 6월항쟁 때 백만의 사람들이 시청 앞에 모인 거잖아요. 그전에는 집회를 하면 1~2만 명 정도만 모여도 엄청나게 많이 모인 거였어요. 그때만 해도 집회와 시위는 대학생들이 하는 거고 명문대 학생들이 많이 하는 거다, 이런 생각을 많이 할 때인데 서울과 수도권 사람들을 합해서 100만이 한 장소에 모였다는 것은 정말 뜨거운 가슴 가진 사람들은 다 왔다, 이런 거잖아요. 거기에 버스 타고 가다가 시위대열에 바로 합류한 시민들도 있고, 힐 신고 하얀 바지 입은 아가씨들도 많이 참여했다는 거죠. 그런 것들을 보면서 사람들에 대한 신뢰가 커졌죠.

특별한 사람들이 사회의 변화를 바라는 게 아니라 이 사회 속에서 사는 사람들 모두가 사회의 좋은 변화를 바란다, 그런 생각이 들면서 활동을 더 적극적으로 해야겠다는 생각을 했어요. 또 제가 어릴 때 무척이나 마음 아팠던 초등학교 중퇴 친구, 우리 언니, 언니의 친구들처럼 공장을 다니면서 힘들게 살아가는 그런 분들을 생각했고, 그런 여성들과 함께 남녀차별의 문제를 해결하고 싶었어요. 공부도 자기 배울 만큼 배우고 일도 하고 싶은 만큼 하고 남편한테 안 맞고 안 짓눌리고 그렇게 자유롭게 당당하게 살았으면 좋겠다 생각했죠. 저는 그 친구들, 언니들과 그걸 해야겠다고 마음먹었어요.

지성이면 감천을 알게 해준 삼남매

— 부산에는 언제, 왜 내려오게 됐습니까?

6월항쟁 이후에 부산에 왔죠. 6월항쟁을 거치면서 나라와 사회 전체를 변화시키는 활동은 어느 한 곳에서만 하면 안 되고 전국에서 다 해야 한다, 서울이나 부산 등 대도시에서만이 아니라 전국 어디서든 할 수 있겠다는 생각이 들었어요. 6월항쟁 때 신문을 보니 6월 10일 서울, 부산 등 대도시에서 시작된 항쟁이 점차 시군구 단위로 확산이 되더라고요. 6·29 선언이 발표될 즈음 전남 지역은 군 단위, 면 단위에서 시위를 하는 곳도 있었고요. 이런 기사들을 눈여겨봤죠. 인간답게 살고 싶고 좋은 변화를 바라는 건 전국 방방곡곡이 모두 같다, 그런 열망에 부응해서 서울만이 아니라 다른 곳에서도 활동하는 사람들이 많아지면 좋겠다고 생각했습니다. 그리고 서울에는 활동가들이 많은데 이런 사람들이 자기 고향에 가서 활동을 한다면 우리 사회가 굉장히 빨리 변화할 수 있겠다, 이렇게 생각하고 고향인 부산으로 오게 된 거죠.

— 그렇게 와서 결혼하고 그 후 근로여성의집에 자원봉사를 시작하게 된 건가요?

우선 결혼하고 돈도 벌어야 하니까 가까운 회사에 취직했죠. 광덕물산이라고 와이셔츠와 리바이스 청바지를 만드는 회사였는데, 집에서 걸어가면 10분도 안 되는 거리에 있었어요. 우리가 만덕재개발지역 주택의 단칸방에서 살림을 차렸는데 가까운 데라 거기 다녔어요.
3개월 다니니 부산의 여성노동환경이나 여성들의 생활 등에 대해 어느 정도 파악이 되어 회사를 정리하고 여성단체를 알아보았습니다. 그런데 근로여성의집이라는 여성노동단체가 있어서 거기를 갔죠.

— 근로여성의집은 어떤 일을 했습니까?

근로여성의집은 1987년 6월항쟁 이후에 공장을 다니던 사람들과 노동운동 · 학생운동을 했던 사람들, 시위에 참여했던 사람들이 모여서 만들었어요. 1987~1988년 그때는 노동현장에서 '우리 현장에는 학출 없나? 위장취업자 없나?' 이런 말이 유행했거든요. 왜냐면 우리 회사도 노동조건 개선하고 싶은데 어떻게 할 줄을 모르니까요. 다른 회사에는 위장취업자가 있어서 사람들이 뭘 하는데 우리 회사는 아무런 움직임이 없으니까 그런 사람 없나 이런 얘기가 나오는 거죠. 특히 여성이 많은 사업장에는 그런 사람이 더 없어서 노동조합을 만들거나 노동조건 개선이 여전히 어려운 상태였어요. 그런 여성들에게 근로여성교실이라는 프로그램을 만들어서 노동법도 가르쳐주고, 건강상담도 하고, 성교육도 했어요. 당시에 여성근로자들의 건강상태가 굉장히 안 좋았거든요. 저도 공장 다닐 때 보니까 여성들은 계속 앉아서 일을 해요. 먼지가 많은데 땀을 흘리다 보니까 방광이나 질 쪽으로 오염이 돼서 질병이 생기죠. 병원을 가면 되는데 젊은 아가씨들이 성교육을 제대로 못 받으니까 산부인과 가면 거의 끝나는 걸로 알고 무서워서 병원을 안 가죠. 그래서 병을 또 키우고요. 또 그 당시는 연애관계가 평등하지 못해 여성들이 스스로 원해서가 아니라 거절을 못 해서, 거절하면 안 될 것 같은 그런 분위기에서 성관계도 많이 갖고 그래서 후유증도 많았어요. 노동법, 건강, 연애와 성에 대한 상담이나 교육이 참 인기가 많았습니다. 이때 성교육 강사로 유명한 구성애 선생님이 열심히 하셨어요.

— 상담 교육기관이었네요. 또 무슨 활동을 했습니까?

노동조합을 만들려고 하는 회사에 가서 안내를 했습니다. 다른 분들은 국제화학, 삼화고무, 고려피혁에도 많이 갔는데 저는 장림에 있던 고려화학이 기억에 많이 납니다. 그 당시는 지하철이 없어서 서면에서 버스를 두 번 갈아타고 갔어요. 벌판에 논둑길 따라 공장에 갔던 기억이 납니다.

— 활동방식도 고민을 많이 했다고요?

저의 활동방식이 바뀌게 된 일이 있었죠. 1992년에 부산여성노동자회 사무국장을 맡았어요. 새롭게 해보자는 마음이 있었고, 회원들과 만나서 이야기를 많이 나눴어요. 한 명 한 명 만나서요. 그러다가 우리 회원 한 명이 자기 집 주변에 굉장히 어렵게 사는 삼남매가 있는데, 도와주고 싶은데 어떻게 해야 될지 모르겠다고 하는 거예요. 그 남매 부모님이 한 분은 정신병원에 있는 것 같고 한 분은 알코올 중독인 것 같다고 하면서요.

— 어린아이들이 딱한 처지에 있었네요.

그랬어요. 밑에 동생 둘은 보육원에 있고 큰언니만 따로 방을 얻어 살고 있었죠. 그 남동생이 아파서 큰 수술을 받아야 하는데 보육원에서 수술비 지원이 안 되는 거예요. 병원에서도 깎아줄 방법이 없다 하고. 그것 때문에 어린 누나가 상심이 너무 컸죠. 우리 회원이 인정이 많아서 남의 일 같지 않고 마음이 너무 아프다 해서, 우리가 도와줄 방법이 없을까? 이래서 만났어요. 그 친구들하고 제가 한 6개월을 병원도 따라가고 원무과, 의료보험공단, 보육원을 몇 번씩 찾아가고. 6개월 만에 수술을 했어요. 큰언니는 방송통신고등학교에 들어가고요. 남매들이 부산여성노동자회 수련회도 따라가고 회원들도 많이 챙기고 그랬죠. 그전에는 어떤 사회적 문제가 있을 때, 그 사회적 문제 속에 개인의 문제가 있다고 보고, 그런 문제들을 해결해나가는 방법을 주로 알려주고, 집단일 경우에만 우리가 힘을 쏟았는데, 한 가족과 일상을 함께하면서 느낀 것이 많았죠.

— 구체적인 사안을 가지고.

네 구체적인 사안을 가지고 포기하지 않고 끝까지 만나고요. 그 과정에서 그 집 식구들까지 같이 돌보고 그러면서 느낀 게 많았어요. 어려운 사람들과 함께한다는 것은 일상을 함께하는 것이고 그 사람들과 같은 마음을 가지는 거고 그래야 문제가 풀린다. 그리고 그 과정에서 지성이면 감천이다, 우리가 할 수 있는 데까지 최선의 노력을 다하면 안 될 것 같은 일도 해결 방법이 나오더라, 라는 것을 경험했죠. 저에게는 참 소중한 경험이죠.

— 그때의 경험이 자신의 인생을 이끌었고 이를 한 글귀로 표현한다면 지성이면 감천이다?

네 절실한 마음을 갖고 두드리고 또 두드리면 결국 열린다는 믿음을 갖게 되었으니 제 인생에서 참 소중한 것을 얻게 된 거죠.

부산 여성, 날개를 달다

— 근로여성의집이 부산여성노동자회 전신입니까?

그렇죠. 부산여성노동자회가 1990년에 만들어졌죠.

— 6월항쟁이 끝나고 노동 · 시민 단체가 만들어지기 시작할 때군요.

근로여성의집, 이름 바꿔서 부산여성노동자의집. 그런데 이게 집이니까 기관이나 센터 이런 거지 회(會)가 아니잖아요. 그래서 1990년 11월에 부산여성노동자회로 전환을 했죠. 실무자들이 결혼하고 임신하고 살림 살고 그러다 보니까 무보수 전일 상근이라는 것 자체가 어렵게 됐어요. 그래서 이러다가는 한 사람 두 사람 빠지고 문 닫는다, 회로 전환하자, 우리가 그동안 근로 여성교실을 통해서 배출한 그런 분들과 함께 회를 만들자, 하는 생각을 했어요. 여성노동자의 근로조건을 개선하고 건강이나 생활수준 향상을 위해서 함께하고자 하는 사람들은 다 뜻을 모아 회원제로 발전시키자 해서 여성노동자회로 전환을 시켰죠.

— 당시에 회원이 얼마 정도 됐습니까?

초창기에는 열심히 하는 회원들이 30명밖에 안 됐어요. 제가 사무국장 하면서 매뉴얼을 만들었죠. 모든 회원을 세 번은 만나야 한다. 회 사무실에서, 그리고 집에서, 또 직장에서. 이렇게 세 번을 만나야 그 사람을 알 수 있다. 그전에는 늘 사무실에 와서 모임만 했던 거죠. 집이나 직장에서 만나야 그 사람이 마음을 터놓고 얘기를 할 수 있고, 회를 통해서 이루고 싶은 것, 실현하고 싶은 것을 이룰 수 있고, 한편 우리 회도 그 사람을 통해서 더 풍부해질 수 있고, 같은 회원이라고 생각해서 함께 갈 수 있다고 생각했어요. 그렇게 해서 결속력이 엄청 높아졌어요. 결속력이 높아지다 보니까 활동도 확대되고 부산여성회와 통합도 가능했어요. 부산여성회와는 1993년도부터 연대사업을 많이 했거든요.

— 부산여성회하고는 어떻게 되나요?

부산여성회는 6월항쟁 때 참여했던 기혼여성들, 학생운동을 했던 여성들, 부산청년회 여성분과 등이 참여했어요. 또 6월항쟁 이후 노동자대파업이 있었기 때문에 그때는 자발적으로 노동법 공부하는 모임이 많았어요. 사무직 여성들의 노동조건을 개선하기 위해서 진여상 출신 사무직들이 새날이라는 여성조직도 만들었어요. 이런 분들이 두루두루 결합해서 부산여성회를 만들었죠.

— 박 대표가 1995년 (통합)부산여성회 때부터 2005년까지 부산여성회 대표를 쭉 해왔잖아요. 사무실이 동래역 쪽에 있었나요?

1995년에 부산여성회하고 부산여성노동자회가 통합을 해요. 통합을 해서 처음에는 부전시장에 한 2년 정도 있었죠. 그러다가 동래여성인력개발센터를 노동부로부터 위탁운영을 받습니다. 처음 하는 위탁운영이니 잘해야 해서 사무실을 동래로 옮겨요. 그래서 1997년부터는 동래에 있게 됐죠.

— 그 당시에 부산여성회에서 대표로 있으면서 어떤 일을 많이 했나요?

여성들이 혼자 고립되어 있으면 겪고 있는 어려운 문제를 해결하기 힘들다, 여성들을 모아야 한다, 모아서 어려움을 토로하고, 또 함께 풀 수 있는 문제는 풀고, 사회와 정부에 호소할 건 호소해야 한다, 이렇게 생각을 했거든요.
한편으로는 사무직이든 생산직이든 판매직이든 학습지 교사든 사업장에서 여성노동자들의 권익 도모나 환경 개선의 움직임이 보이면 직장사업위원회를 만들어서 지원했습니다. 여성들은 남자들처럼 직장에서 일한다 해서 계속 있는 게 아니라 결혼해서 그만뒀다가, 아이 키우다 직장 나갔다가, 집에 일 있으면 그만두고 그러죠. 따라서 여성들의 생활의 중심은 직장이 아니라 가족이에요. 가족들이 살고 있는 집, 그 집이 있는 마을 주거지를 중심으로 한 공간이 훨씬 더 여성들 삶에서 지속적인 공간인 거죠. 그렇기 때문에 우리는 주거지를 중심으로 모임을 만들자 생각했어요. 그래서 처음에는 괴정반, 하단반… 이렇게 지역반을 만들다가 지부를 만들었지요. 1995년 통합 후 먼저 한 일은 부산지역에 지부를 만들어서 어디에 살든 간에 여성모임을 할 수 있도록 보장해주는 일이었어요.

— 지부가 몇 개였나요.

제가 회장을 마칠 때쯤에 한 여덟 군데였네요. 부산 구군의 절반 정도.

— 그 당시에 영도지부가 있었나요.

영도지부가 세 번째로 만든 지부죠. 사하지부가 처음 생기고 부산진지부가 두 번째였고 그다음에 영도지부가 생겼을 거예요.

— 빨리 생겼네요.

1995년에 사하지부 준비를 책임지던 분이 집안 사정으로 영도로 이사하게 된 거예요. 그때는 사하지부 준비하다가 영도로 이사하면 영도지부 만들면 되지, 이런 식으로 생각을 했어요. 그분이 영도에 시댁이 있고, 자기 시누이가 살고 있고, 자신은 젊은 새댁이니까 애기엄마들하고 만들어보겠다 해서 1995년 가을부터 영도지부 만드는 걸 도왔어요. 그때부터 저도 영도를 들락날락거리기 시작했어요.

— 그때 영도하고 인연이 맺어졌네요.

네, 처음으로 인연이 맺어졌죠. 1998년에 영도지부를 개소했어요. IMF 이후에 여성실업대책본부 활동도 하고, 여성실업자 쉼터를 부산에 4개소 설치했는데, 영도에도 설치했어요. 영선아래로터리 근처의 대로변에 사무실을 뒀죠. 영도여성회는 2000년 초반에 동삼동 쪽으로 옮겼어요. 그런데 제가 2011년에 영도에 이사를 와서 보니 그 집 건물에 여전히 부산여성회 간판이 붙어 있더라고요.

— 지금도?

지금도 있어요. 고가도로 만들면서 주변이 좀 변했는데도 그

자리의 간판은 그대로 있더군요. 그 당시 박대석 구청장님이 우리 영도여성회 개소할 때 오셔서 축사도 해주시고 그랬던 기억이 납니다.

— 구청장이 보통 그런데 잘 안 오는데요.

그러니까요. 그래서 제게 그 구청장님이 좋게 기억되죠. 근데 제가 영도 살면서 주민들 얘기 들어보니까 참 좋은 분이라는 말씀들이 많으시더라고요. 그러니까 그런 단체에도 와서 관심을 기울이고 유심히 보셨구나 싶었어요. 여성실업자 쉼터 만들 때도 잘 되라고 조그마한 화환을 만들어서 보내주신 기억이 있어요.

평등의 전화

— 그다음에 보면 평등의 전화, 고용평등상담도 했다고 하던데 부산여성회에서 하던 사업 중에 하나입니까?

그렇죠. 저희들이 직장사업위원회가 있었다고 했잖아요. 그 직장사업위원회를 평등의 전화로 이름을 바꿔서 전화를 설치했어요. 여성노동자 사업을 전국적으로 같이하던 한국여성노동자회하고 연대해서 평등의 전화라는 이름을 공동으로 붙였습니다. 사업장에서 남녀고용평등을 중심으로 평등의 전화를 했었고요. 그때 고용평등 상담하고 지원을 했었죠.

— 이게 다 최초죠? 그 당시에는.

그 당시 부산에서는 최초죠.

— 부산여성회 활동을 하면서 사업의 일환으로 이런 일들을 한 거죠?

네. 부산여성회에서 했죠. 제 개인적으로는 부산여성노동자회 사무국장으로 있을 때부터 이 활동을 많이 했습니다. 처음에는 전화가 많이 안 왔어요. 그래서 이미 상담을 하신 분들 중에 연락처를 남겨놓으신 분들에게, 저번에 상담 받으셨는데 결과가 어떻게 됐는지 확인전화를 했어요. 어떤 분들은 해결했고, 어떤 분들은 해결이 안 되었지만 상담해주고 전화까지 해준다며 고마워하셨지요.
그중에 간호사 한 분이 계셨어요. 요식업체, 미용, 이용 등 접객업 종사자들의 보건증을 발급해주는 자그마한 병원에서 일하는 분이었죠. 자기 문제는 다 안 풀렸지만 이렇게 전화해주니까 너무 고맙다며 얼굴을 보고 의논하고 싶다고 했어요. 자기도 서면에서 일하는데, 자기가 움직일 수 없으니 병원으로 오실 수 있겠냐고 해서 제가 거기를 찾아갔죠. 찾아가서 직면해 있는 노동문제도 이야기하고 서로 사는 이야기도 했습니다. 그 분이 자기 문제를 푸는 데 도움이 됐다고 좋아하며 회원가입도 하고, 자기가 간호 쪽이니까 회원들한테 건강과 관련한 교육상담을 해주겠다고 제안했어요. 찾아갔더니 좋은 결과를 얻은 거죠. 거기서 한 가지를 깨달았어요. 아, 상담도 전화가 오기만 기다리면 안 되는구나.

— 찾아가자?

네. 찾아가자. 이렇게 된 거예요. 현장에 가보니까 또 다르더라고요. 보건증을 발급하는 게 참 중요하잖아요. 그런데 그 병원이 지하에 있었어요. 병원은 어떤 의사선생님이 있는 것으로 되어 있는데 사실 이 병원에는 이 사람밖에 없는 거죠. 굉장히 열악한 환경에서 혼자 일하고 있었어요. 보건증 발급은 위생과 관련된 업무이고, 접객업 종사자들의 법적인 업무를 담당하는 곳인데, 이 병원은 제가 보기에 법적으로 조건을 안 갖춘 거예요. 그런 채로 업무를 하고 있는 거죠. 그런 것들을 보면서 문제가 있구나 생각했습니다.

— 현장을 직접 가보니까 상담하는 것과 또 다른 현실을 보게 되었다는 거죠?

현장을 찾아가는 것의 중요성을 알게 되었죠. 여성노동자 지원 활동을 잘하고 여성단체 활동을 제대로 하려면 우리 여성들이 살고 있는 현장을 찾아가야겠다고 마음먹었어요. 어느 현장을 찾아갈 거냐? 고민하다 우리 회원들부터 찾아가자 이렇게 정했어요. 우리 회원이 사는 집으로도 가보고, 점심시간 맞춰서 직장에도 가고, 이렇게 회원들의 삶의 현장으로 찾아갔습니다. 찾아가는 활동이 단체를 많이 강화시키는 것을 경험했습니다.

— 제 기억에 동래의 여성회 사무실을 가보면 상근자가 상당히 많았던 것 같은데요.

우리 부산여성회는 1997년에 상근자가 한 4명이었는데 옆에 있는 동래여성인력개발센터에는 상근자가 많았죠. 그리고 거기에 우리 회원들을 많이 배치했어요. 여성인력개발센터는 보통 십여 명을 채용하는데 우리 본부와 지부 상근자 말고도 인력개발센터 상근자를 우리 회원으로 채운 거죠. 왜냐면 우리가 삶의 현장 방문을 통해 회원에 대한 파악을 잘해서, 회원들이 어떤 걸 잘하고 어떤 꿈이 있는지를 다 알고 있기 때문에 배치를 할 수 있었다고 봐야죠.

행복한 가족상담

— 가족상담도 하고 '좋은 가정 만들기' 이런 사업도 있더군요.

'좋은가정만들기반'은 주로 지부에서 했죠. 처음에 지부모임 내용을 무엇으로 할 건지 고민했습니다. 우리는 신입회원 교육 때 왜 여성회에 오게 됐나, 여성회에서 뭘 하고 싶은가를 꼭 물어봅니다. 첫 번째 질문에 대한 대답은 크게 두 가지인데 하나는 남녀차별, 어릴 때부터 남녀차별을 겪은 게 많아서 그런 게 해결되면 좋겠다. 또 하나는 애 키우고 살면서 힘들고 어려운데 그걸 일상적으로 의논할 사람이 필요하다는 거예요. 당연히 활동도 그런 문제를 해결하는 활동이면 좋겠다는 대답이 많이 나왔죠.

지역지부에서 만난 여성들은 남녀차별보다 엄마로서 아이를 키우며 겪는 어려움을 함께 해소하고 싶은 욕구가 많았어요. 여성회 모임을 통해 자기가 엄마로서 제대로 역할을 하는 데 도움을 받았으면 좋겠다, 엄마로서 고립돼서 아이를 키우다 보니까 스트레스가 많고 사회에서 격리된 것 같아 우울하다, 남들이 흉볼까 걱정하지 않고 마음에 있는 이야기를 다 나누는 모임이 되면 좋겠다, 이래요. 그래서 '좋은가정만들기반', '아이잘키우기반' 이런 걸 만들어서 모임을 하게 되었죠. 서로 친해지고 생활에서 쌓이는 스트레스와 고민을 나누는 시간이 많아지다 보니 심각한 부부 갈등과 아이 키우면서 겪는 어려움도 얘기가 나오더라고요.

— 부부 갈등이?

특히 한 분의 가정상황이 너무 심각한 거예요. 그분은 또 다른 사회운동 영역에서도 활동하는 분이었는데, 가정불화가 커서 폭력도 심했어요. 그분과 함께 지역반을 하고 있던 회원들이 제게 의논을 해왔어요. 결론은 이분의 어려움을 우리가 같이 도와야 안 되나? 이 사람만 이렇게 어렵겠나? 우리 회원들이 겪고 있는 가족관계의 어려움도 사회문제를 해결해야만 풀 수 있는 것이 있고 우리가 힘을 합쳐서 풀 수 있는 어려움도 있다. 부부 간의 불화와 폭력 등 가족 내에서 겪는 어려움을 우리가 해결할 수 있는지 없는지, 사회적으로는 어떻게 풀어야 하는지 일단 파악부터 하자. 문제를 알면 풀어나갈 수 있는 방법도 나오지 않겠나? 이렇게 해서 설문지를 만들어서 회원들이 가족 내에서 겪고 있는 어려움을 조사했습니다.

— 해보니까 어떻던가요?

그때 회원들이 100명이 넘었는데 20퍼센트 정도가 어려움을 많이 갖고 있었어요. 가장 큰 문제는 그런 어려움을 이야기할 데도 없는 것이었어요. 부부갈등이라 시댁에도 얘기 못하고, 친정에는 걱정할까 봐 얘기 못하고, 친구들이랑 얘기하면 재는 저렇게 사는구나, 우습게 취급당할 것 같고, 그러니까 아무 데도 이야기를 못하는 거죠. 참 놀라운 것은 우리가 조사를 하느라 물어보는 말에 대답하면서 울고, 다 이야기하고는 속이 시원하다고 하고, 또 이야기하며 정리가 된다고 하는 거예요. 그 경험을 하고 우리가 가족상담실을 만들었어요. 아무 실력도 없이. 일단 이야기라도 할 수 있는 곳을 만들어주자고요.

— 아 그때 가족상담실을…

1995년에는 성폭력특별법이 만들어져서 성폭력상담소가 많이 만들어지던 땐데, 우리는 여성가족상담실을 만들었어요. 다른 데서 성폭력상담소를 만들었으니까 우리는 회원들의 생활 속에서 요구가 많은 가족상담실을 만드는 게 낫겠다고 뜻을 모았죠. 일단 이야기 들어주는 것부터 시작해서 질 높은 상담을 제공하기 위해 상담원들이 공부를 많이 했습니다.
2000년에 아동상담소도 만들었습니다. 지속적으로 회원들을 만나보니 아이들 키우는 데 고민이 많았어요. 우리 회원들이 경제활동을 하는 비율이 높았습니다. 지금도 그렇지만 그때는 아이들을 키우며 여성들이 일하기에는 어려움이 참 많았습니다. 일하거나 아이 키우거나 양자택일 하라는 분위기가 높았죠. 남편 혼자 벌어서는 생활비를 감당하기 어려우니 일을 그만둘 수도 없고. 자영업 하는 분도 꽤 있었는데 이분들이라고 조건이 더 낫지도 않았습니다. 아동 양육의 고민을 들어주는 것만으로는 해결이 안 되어서 2년간 준비를 하고 아동상담소를 개소했습니다.

— 상담실이 그러면 몇 개가 있었나요?

3개요. 가족상담실이 2개가 있었죠. 동래와 사하에요. 사상지역에 아동상담소가 하나 있었고요. 사하는 1999년에 사하가정폭력상담소로 전환하여 정부지원을 받았어요. 지금도 활동하고 있습니다. 동래에 있던 여성가족상담실은 2000년에 연제로 옮겨 활동하다가 2006년쯤 해산하였습니다. 정부지원이 없는 채로 10년을 운영했는데 우리 힘으로는 더 이상 버티지 못했죠.

여성 일자리 만들기

— 그다음에 보니까 여성인력개발센터나 여성실업대책본부, 직능조직만들기 등 여성의 일자리 문제에 대해서도 상당한 사업이 있었네요.

우리가 1997년에 노동부로부터 여성인력개발센터 위탁운영을 받았어요. 명의는 한국여성노동자회 부산지부 형식으로 받았지만 우리가 따낸 거죠. 직업훈련과 직업교육, 일자리 알선이 주된 업무였습니다. 새롭게 진출하거나 일자리가 늘어날 가능성이 있는 부분을 찾아서 교육하고 훈련시켜서 해당 부분의 인력으로 준비시켰죠. 여성인력개발센터는 전국적으로 YWCA에서 많이 했어요. 파출부 과정도 만들었죠. 후발주자로서 그것도 따라 하고, 미싱교육도 하고, 텔레마케터 교육도 하고, 컴퓨터 교육도 많이 했어요.
파출부라는 호칭이 가사도우미로 바뀔 때쯤이었는데 가사도우미 협회들이 있더라고요. 우리가 가사도우미를 양성하면 이들은 가사도우미 협회에 가입하여 일자리를 알선받는 거죠. 협회 가입비를 내고 그다음에 자기가 받는 임금 중 일부를 협회에 내는데 이게 이분들이 부담하기에 어려운 정도로 많았어요. 우리한테 교육받은 분들이 그런 어려움을 호소하고, 한편으로는 협회에 잘 보이면 좋은 일자리를 주고 잘못 보이면 안 주거나 좋지 않은 일자리를 준다는 하소연을 많이 들었어요. 가사도우미분들에게 자체적으로 협회를 만들어서 한번 해보겠냐고 물었더니 그렇게 하겠다고 했어요.

— 아, 자체적으로.

네. 자체적으로 해보자고 했죠. 가사도우미 그분들이 주체가 되어서 가사도우미협회를 만드는 거죠. 옛날에는 이름은 협회인데 몇 사람이 협회라 만들고 다른 사람들이 등록을 해서 회원이지만 그냥 내가 거기서 일 안 하면 끝이잖아요. 그런데 그게 아니라 가사도우미분들이 전부 다 회원이 돼서 이 조직을 만든 거예요.

— 지원을 했네요.

네. 저희가 지원을 했죠. 왜냐면 우리가 그동안의 경험으로, 사람들이 뜻을 가지고 있다면 그 뜻을 이룰 조직 만드는 일에는 선수가 됐으니까요. 탄력이 붙어가지고요. 그렇게 지원해서 전국 최초로 가사전문서비스협회가 만들어졌죠.

— 그게 전국 최초인가요?

네. 전국 최초로 만들었습니다. 부산여성회하고 동래여성인력개발센터가 함께 힘을 모아서 만들었죠. 그때 같이 교육받던 텔레마케터들이 자기들도 만들고 싶다고 해서 도왔는데 가사도우미들처럼 일자리 자체를 스스로 못 만드니까 경우가 조금 달랐어요.

— 직능조직 만들기 사업을 했네요.

이 경험이 바탕이 되어서 나중에 초등보육교사협회 만드는 것도 지원했죠. 가사도우미의 역할에서 가장 중요한 것은 세 가지였어요. 첫 번째는 일자리 스스로 만들기, 두 번째는 기술 향상을 계속하는 것, 세 번째로는 사회적인 대우 높이기. 가사도우미라 하면 사람들이 낮춰 보잖아요. 그런 사회적 편견을 스스로가 깨고 싶고, 그러기 위해 조직적으로 노력해야 한다고 생각했죠.

— 지금은 전문적인 분야가 되어가고 있죠?

이분들이 조직적으로 힘을 합쳐서 2011년 만들어진 ILO 가사노동자 보호협약을 2012년에 국회에서 발의하게 하고, 2015년 비준하게 만들었습니다. 그전까지는 근로기준법도 가사노동자들에게는 적용이 안 되었어요. 그러니 노동조건 보장도 안 되고, 고용한 사람한테 인격적으로 예속되는 상황이 방치되었어요. 일을 시키는 주인의 성품에 따라 근로환경이 크게 영향을 받으니까, 인권 차원에서 문제가 컸습니다. 그런 부분을 방지하기 위해서는 반드시 근로기준법에 적용이 돼야 하는데 오히려 거꾸로 된 거죠. 이분들의 조직이 만들어지니까 당연히 이 문제도 풀어야 하는 조직적인 과제가 된 거예요. 저는 2005년 이후 지원을 못했지만 부산여성회를 비롯한 각 지역의 여성노동자회와 실업센터에서는 가사도우미 조직을 계속 지원했습니다.

한국여성단체연합 공동대표

— 부산여성회를 이끌면서도 한국여성단체연합 조직위원장도 하고 또 한국여연 대표도 하셨잖아요. 부산지역의 여성활동가로서 전국조직 대표도 맡으면서 활동이 쉽지는 않았을 것 같은데, 그러면 어떻게 대표를 맡았고 어떤 활동을 주로 하셨나요.

나라 전체로 지방분권, 지방자치라는 큰 움직임이 있었기 때문에 지방에 있는 여성단체 대표가 한국여성단체연합이라는 전국조직의 대표를 맡을 수 있었어요. 제가 지역대표 중에 두 번째로 전국대표를 맡은 거죠.
그때 분위기가 서울에서 만들어지는 단체는 20명이든 10명이든 무조건 한국을 붙였어요. 그런데 지역에서 활동하는 단체 중에서 한국이라는 이름을 붙인 건 한국자원봉사연합, 즉 '한자연'밖에 못 봤어요. 거기는 자원봉사가 부산에서부터 시작하여 다른 지역으로 확산되었기 때문에 타당성이 있죠. 그런데 서울에서 만들어진 단체는 무조건 다 한국을 붙였어요. 그런 분위기에서 지방자치 지방분권의 관념이 여성단체 자체에서 생겨나진 못했고요. 우리 사회 전반의 지방자치 지방분권 흐름 속에서 그 의식이 깨인 거죠. 한국여성단체연합에서는 2002년에 처음으로 지방단체대표가 전국조직의 대표를 맡은 거예요. 저는 1999년부터 조직위원장을 맡았죠. 2005년에 한국여성단체연합 대표를 맡았는데 그것은 앞에 선배분이 맡았었기 때문에 더 수월하게 맡았다고 볼 수 있죠.

— 어려움은 없었다고.

오히려 일상 업무 배치에서 어려움이 있었어요. 예를 들면 매주 월요일마다 대표들과 사무국이 회의를 하는데, 지방 대표는 이 회의만 하고 자기 지역으로 내려가는 걸로 알고 있는 거예요. 저는 한국여성단체연합 대표직을 수행하기 위해서 부산여성회 일은 다 정리하고 왔거든요. 한국여성단체연합 대표로서 역할을 제대로 하자고 마음먹고 서울에 갔죠. 처음엔 주 3일 정도를 하려고 했죠.

— 일주일에?

네 일주일에 3일 정도. 여성연합 대표로 6년간 서울을 오가며 전국을 다니며 활동을 했죠.

— 대표를 하면서 기억에 남는 일들이 뭐가 있을까요?

출장 때 끌고 다니던 제 캐리어 가방이 유명했어요. 캐리어를 끌고 다니면서 전국을 돌아다녔어요. 6년 동안 캐리어 가방 세 개가 닳아서 없어졌어요. 지역에 있는 여성연합 회원단체들과 서울에 있는 작은 규모의 회원단체들을 죽 다 돌아다니면서 어려움을 듣고 함께 풀어가려고 노력했죠. 제가 1992년 사무국장되고 1995년 여성회 회장이 되면서 우리 회원들을 죽 만난 것처럼.

— 현장방문을?

네. 현장방문을 한 거죠. 그때가 여성운동이 겉으로는 최고로 잘나갈 때지만, 속으로는 위기 국면이었어요. 시민이 없는 시민운동, 시민운동의 위기가 얘기되던 때였거든요. 여성운동에서도 회원들이 활동을 안 하고, 후원만 하거나 이름만 걸어놓는 경우가 많았어요. 위탁 사업은 복지사를 채용해서 처리하는 단체도 있었죠. 그런 상황에서 기존의 여성단체를 활성화시키는 작업이 굉장히 중요했죠. 그게 저하고 딱 맞은 거죠. 제가 부산여성회에서 새 조직을 만들거나 기존에 있던 침체된 단체를 활성화시키는 경험을 많이 했는데 그것이 필요한 시기였던 거죠. 지역여성단체에서 요구가 많았고, 또 그 역할을 많이 해냈습니다. 그런 것들이 기본이 되어서 풀뿌리여성운동이라고 하는 여성운동에서 중요한 영역을 만들었죠.

— 그 당시에 풀뿌리 여성들의 조직화에 대해 상당한 시간을 들이신 거네요.

네. 2007년부터 2010년까지는 해마다 1박 2일의 풀뿌리여성대회를 개최했습니다. 당시로서는 풀뿌리여성대회가 여성운동을 넘어서 풀뿌리운동이나 마을만들기 운동과 관련하여 가장 최신 소식과 방법론을 나누는 자리였습니다. 200명 내외의 풀뿌리 활동가들이 서로를 격려하고 배우는 자리로, 이후 당사자운동과 마을공동체 활동에 커다란 밑거름이 되었다고 자부합니다.

— 여성노동자들의 권익 향상 이런 부분에도 신경을 많이 썼죠?

여성노동자들의 상담과 지원활동을 하는 회원단체들의 활성화에도 관심을 가졌는데 뜻대로 다 못했습니다. 당시에 여성연합 회원단체와 지부단체를 다 합해서 전국에 100개가 넘는 여성단체가 있었어요. 그런데 여성노동자들을 상담하고 지원하는 단체는 여성노동자회 소속 지부를 포함하여 15개 단체 정도밖에 안 되었죠. 제가 여성연합 공동대표를 연임하게 된 것도 이 부분과 관련이 많죠. 마을에서의 풀뿌리여성운동은 상당한 진전을 이뤘고, 한부모 등 당사자조직화도 성과가 많았습니다. 그런데 여성들은 다수가 도시에 살면서 노동자로 경제활동을 하기 때문에 여성노동자들의 조직률이 여성 조직률에 큰 영향을 줍니다. 그런데 한국노총, 민주노총 통틀어서 여성노동자들의 조직화가 매우 낮은 현실이었죠. 그래서 여성노동자를 지원하는 여성단체들이 제대로 사업을 하고, 여성연합 회원단체들이 떨쳐 나서서 동참해준다면 큰 기여를 하리라 생각했습니다.

— 성과가 많이 있었나요?

아쉽게도 제대로 하지 못했습니다. 여성연합의 위치가 애매했어요. 여성노동자사업을 주로 하는 회원단체에서 왜 여성연합이 독자적으로 여성노동자사업을 하려고 하느냐는 문제제기를 했지요. 회원단체와 트러블을 일으키며 사업을 하면 안 된다고, 여성연합 내부에서는 다수가 하지 말자고 이야기를 했어요. 여성노동자사업을 하는 단체들도 그 단체 전체가 의지를 갖고 하기보다는 그 사업을 맡은 담당자들의 의지가 컸었죠. 그러니 여성연합에서 제가 이 사업을 할 수 있도록 밀어주는 세력이 없었어요. 그래서 시작도 못하고 좌절되었죠. 그때가 많이 아쉽고, 제가 여성연합 대표를 연임한 보람이 없어져버렸어요.

— 그리고 한부모 사업도 하셨고요.

부산여성회에서부터 했던 한부모 사업인데 2007년까지는 여성연합에서 하고, 2008년부터는 제 개인적으로 지원했어요. 여성연합 차원에서는 교육문제를 여성운동의 주요 관심 영역으로 포괄시키려고 노력했습니다.

— 어떤 교육문제를 말하는 것인가요.

학교를 중심으로 한 교육이죠. 여성연합은 전통적으로 교육보다 보육에 큰 관심을 가지고 있었어요. 한국여성단체연합이 1987년 2월 18일에 창립했는데 당시 쌍둥이 화재사건 등 보육문제가 심각한 사회문제임을 알려주는 사건들이 많이 생겼어요. 아이들의 보육에 직접 뛰어든 분들이 지역사회 탁아소연합회를 만들고 이들이 여성연합의 중요한 구성원이었어요. 지역사회 탁아소연합회가 나중에 한국보육교사회로 바뀝니다. 이들이 중심이 되고 여성연합과 회원단체들이 힘을 모아 영유아보육법을 만들어요. 또한 당시에는 여성연합 회원단체의 회원들 가운데 영유아기 아이를 키우는 엄마들이 많았습니다. 저도 우리 아이가 다니는 탁아소 선생님들 인솔로 차량을 대절해서 아이들 데리고 여의도에 영유아보육법 만들라고 촉구하는 집회에도 참여했죠. 그 후에도 영유아보육법을 개정하고 보육정책을 요구하고 의견을 내는 작업들을 한국보육교사회와 함께 한국여성단체연합이 계속했어요

— 방과 후 보육 문제나 학교교육 문제에 관심을 갖고 활동을

하시고.

회원단체의 요구를 파악해 보니까, 기존 회원단체에는 중고등학교를 거친 부모들의 수가 조금 남아 있는데 반해, 풀뿌리 운동 모임에는 초중고 엄마들이 상당히 많은 거예요. 특히 초등학생 엄마들이 많았어요. 일하는 엄마들의 입장에서는 취학 전보다 초등학교가 더 문제잖아요. 아이들이 방치되고, 아이를 돌볼 것이냐, 직장이나 사회활동을 계속할 것이냐 고민이 많죠. 또 학교교육은 경쟁이 심했고, 왕따, 학교폭력 이런 것도 학교 보내는 아이 엄마들에게 당면한 고민거리였습니다. 그래서 엄마들에게는 방과 후 보육 문제와 학교교육 문제 이 두 가지가 중요한 이슈였어요. 그런데 그 이슈에 여성단체의 관심이 적었어요. 저는 제가 풀뿌리 운동을 하고 있고 제 아이들이 초중고를 다녔기 때문에 그런 문제들을 여성연합으로 끌어당겼죠. 교육에 관심이 많은 여성들이 참교육학부모회에 제일 많이 모여 있는데, 제가 여성연합 대표로 있던 2010년에 참교육학부모회가 여성연합에 참관 단체로 가입을 했죠.

— '함께 일하고 함께 돌봐요.' 관심 영역이 참 넓으신 것 같습니다.

제가 여러 방면으로 관심이 많았어요. 또 필요하면 실천으로 옮겼죠. 그래서 '그것은 여성연합 대표로서 안 해도 되는 일입니다', '그쪽 출장은 개인경비로 하세요' 그런 말도 들었죠. 저는 그 당시 여성운동의 주요 관심사가 일반 여성들의 관심사와 괴리가 크다고 생각했어요. 정당들이 선거를 앞두고 조사를 많이 하잖아요. 여성들의 요구는 일자리, 보육·교육, 다음에 주거 순으로 나오고 그다음에 성폭력 이렇게 가요. 전체적으로 보면요. 물론 20대는 성폭력 등이 제일 높은 부분에 속하지만요. 그런데 우리 여성운동은 주거문제 안 다루죠, 교육 안 하죠, 일자리도 굉장히 적게 다루죠. 다른 부분에 비해서 100여개 단체에서 성폭력·가정폭력 상담소를 운영하는 단체는 절반 가까울 정도죠. 그래서 저는 그런 괴리를 극복해야 한다, 우리가 다가가야 한다, 그리고 그 문제 안에 여성문제가 다 있다, 여성들의 생활 속에 여성문제가 있다, 생각했어요. 그래서 그런 문제를 여성운동이 안고 가는 주제로 만들기 위해 많이 노력했죠. 가족문제도 그런 차원에서 중요하게 다루고 싶었어요. 평범한 여성들은 가족이 가장 소중한데, 여성 운동가들에게서는 가족을 짐처럼 대하는 관점도 발견되죠. 왜 자꾸 여성한테 가족을 떠안겨? 이렇게 얘기하죠. 아동도 마찬가지고요. 여성에게만 가족의 돌봄이나 아동 양육을 떠맡기는 것은 잘못된 거지만, 떼내는 것이 아니라 함께 키워야 하는 쪽으로 가야 되죠. 저만 아니라 많은 여성 활동가들의 고민이 합쳐져서 2010년에 '함께 일하고 함께 돌봐요'라는 구호가 만들어졌을 때 참 기뻤습니다.

법 제정 · 개정으로 결실

— 이런 활동을 하면서 결국은 또 입법화시키는 것도 굉장히 중요한 과정이었잖아요. 박 대표나 대표가 소속한 단체에서 주도를 해서 한 입법활동이 있다면 뭐가 있을까요.

한국여성단체연합은 입법활동 영역에서는 정말 혁혁한 공을 세웠죠.

— 대표적으로 어떤 게 있을까요?

대표적으로 폭력과 관련한 부분이죠. 성폭력, 가정폭력, 성매매 이런 부분들을 다 했고요. '정신대' 문제 관련해서 정신대대책협의회와 한국여성단체연합이 같이했었고요. 가족 관련해서 호주제 폐지 입법은 많이들 알고 계시죠. 모부자복지법에서 2007년에 한부모가족지원법으로 이름이 바뀌거든요. 이름 바뀌고 내용 두 개 더 바뀌고 그랬는데, 미미하지만 그거 바꾸는 것도 여성단체연합하고 회원단체인 한국여성노동자회가 같이 해서 이룬 거고요.

— 입양특례법도 있죠.

입양특례법은 여성연합이 한 것은 아니에요. 남녀고용평등법 개정도 계속됐는데 한국여성노동자회와 한국여성민우회를 도와서 했죠. 여성 경제활동에서 경력단절 여성 도와주는 법안은 여성가족부가 입법 발의했는데 제가 좀 많이 도왔죠. 이 법이 한계가 많다고 생각해서 소극적인 분도 있었지만, 여성들의 작은 일자리도 필요하고, 새일하기센터라든지 경력단절 여성들이 취업하는 데 뒷받침이 필요하다고 생각했어요. 우리가 바라는 게 100프로라면 50프로만 되어도 법을 만들어서 지원하는 게 필요하다는 생각에서 그 법안 만드는 데 적극적으로 뒷받침을 해서 통과시켰죠.

— 상당히 중요한 법들을 통과시키고 입법활동을 했네요.

또 2001년에는 출산휴가와 육아휴직 건으로 근로기준법과 남녀고용평등법 개정운동이 크게 벌어졌어요. 그때는 우리 여성연합도 그렇지만 부산여성회가 엄청나게 활동했습니다. 여성들이 스스로 직장 안 나가는 건 상관없지만, 직장을 다니고 싶은데도 불구하고 회사에서 결혼 · 임신 · 출산을 이유로 차별하거나 또는 그런 편의 제공이 안 돼서 직장 못 다니는 건 말이 안 된다는 주장을 폈죠. 부산 한나라당 당사 앞에서 1인 시위도 굉장히 많이 했고, 반대하는 환노위 국회의원 홈페이지를 시간 정해서 다운시키기도 하고요.

— 아, 그런 일이 있었구나. 허허.

네. 우리 회원들이 직장 다니는 사람들이 많아서 직접적인 당사자이기도 했어요. 또한 영업직 하는 사람들도 많았는데 영업직 하는 사람들이 그런 것 보장이 안 돼서 회사를 그만둔 경험을 갖고 있는 거죠. 아이 조금 키우고 취직하려니 자기 적성이나 능력과 상관없이 보험이나 책 판매, 정수기코디 등 영업직 외에는 일자리가 없었어요. 출산휴가나 육아휴직이 제대로 보장되었다면 훨씬 더 적합한 일자리에서 일할 수 있다는 것을 잘 알고 있었어요. 그 법 개정하는 데는 우리가 역할을 많이 했습니다.

장애인 운동에서 당사자 운동을 배우다

— 그리고 박 대표 관심 분야 중에 하나가 장애인 문제죠. 장애인 부분에서는 어떤 활동을 했죠?

장애인 문제에 제가 크게 기여한 것은 없어요. 오히려 장애인 당사자 운동을 보면서 느낀 것도 많고 배운 것도 많지요. 처음 접한 것은 1995년 자원봉사센터를 운영하게 되면서입니다.

— 장애인 자원봉사센터였습니까?

보통 자원봉사센터였어요. 자원봉사센터에 장애인을 돕고 싶다는 사람도 많고, 이미 장애인 자원봉사를 하고 있는 팀인데 자기 봉사모임 활성화를 도와주면 좋겠다는 봉사자들이 있었어요. 장애인 자원봉사를 하는 사람들을 많이 만나게 됐어요. 그분들과 얘기를 나누어 보니 주로 그분들은 장애인들이 나들이하는 걸 도와주고, 또 장애인 관련단체의 모금캠페인 지원을 위해 거리에서 수화와 노래, 춤을 추는 활동을 많이 하고 있었어요. 봉사자들의 이야기를 듣다 보니, 자원봉사자들은 '장애인은 우리 사회에서 활동이나 역할을 잘 못하는 사람이고, 그래서 우리 사회가 도와줘야 하는 사람들'이라는 생각을 하고 있더라고요.

— **도움을 주고 도움을 받는 존재.**

네. 자원봉사자들은 도움을 주고 장애인들은 도움을 받는 존재인 거죠.

— **받는 존재로만 대상화되는?**

그런 관점의 얘기를 자꾸 듣다 보니 역지사지가 되는 거예요. 내가 장애인인데 이 사회에서 하나도 역할을 못하고 도움만 받는 존재라고 하면 내 기분이 어떨까? 좀 비참할 것 같은 생각이 들더라고요. 그러면 그분들은 무엇을 원할까? 하는 생각에 미치게 됐죠. 가급적 자신의 힘으로 자신의 생활을 꾸리고, 더 나아가서 이 사회의 중요한 구성원으로서 뭔가를 하기를 바랄 것 같다, 이런 생각이 드는 거예요. 이 사회를 위해서 기여도 하고 싶고요.

— **자활이 중요하다는 거죠?**

네. 그래서 제가 그런 얘기를 하니까 공감하는 사람도 있고 공감하지 않는 사람도 있더라고요. 그래서 공감하는 봉사자들과 그런 방향으로 한번 장애인 자원봉사를 해보자. 장애인들은 과연 그런 바람을 갖고 있는지, 구체적으로 어떤 바람을 갖고 있는지도 알아보자. 장애인들이 그런 바람을 갖고 있다면 우리가 그것을 목표로 자원봉사를 하자. 도와주는 사람한테 계속 의존하기만 하는 장애인이 아니라 스스로 자립하고 사회적 역할을 다하는 장애인. 그런 방향으로 장애인 봉사를 하려고 했어요. 근데 그때 마침 부산여성장애인연대라는 이름으로 단체를 만들려고 하는데 창립총회에서 부산여성회 회장의 특강을 듣고 싶다는 연락이 온 거예요. 그 당시 부산여성회가 진보적인 여성단체 중에는 부산에서 제일 유명했거든요.

— 여성장애인 당사자들이 나서기 시작한 거군요.

제가 처음 듣는 이야기라서 우선 만나보자고 했죠. 내가 이제 이게 올바른 방향이 아닐까? 생각하며 자원봉사를 해보자 했는데, 이분들은 이미 90년대 초반부터 당사자들의 뜻을 모으고, 실천을 하고, 그 노력이 집적돼서 자기들의 힘으로 단체를 만들어 발족식을 하는 거예요. 내가 너무 감명을 받아서 열정적으로 특강을 했습니다. 장애인들이 이미 스스로의 힘으로 걸어가고 있으니까, 우리는 그분들과 동등한 차원에서 연대하면 되는 거지요. 물론 여성운동에서는 우리가 선배니까 부산여성장애인연대가 하는 일이면 무조건 돕겠다고 마음먹었습니다. 장애인들이 장애인 문제의 당사자로서 스스로를 조직하며 풀어나가는 모습에서 깨달은 바가 많았습니다. 여기서 배운 것을 1년 후 한부모당사자 조직에 적용하게 됩니다.

— 한부모 쪽에 어떻게?

IMF 때 시작된 여성가장 겨울나기 참여단체들이 30개에서 10개도 안 되게 줄었어요. IMF도 계속되고 있고, 이분들은 맨 나중에 온기가 들어오는 제일 윗목에 있는 사람들이잖아요. 여성가장들의 생활은 하나도 안 바뀌었는데, 여성가장을 돕는 단체들만 그만두는 거예요. 그때 여성장애인들이 생각납디다. 당사자! 결국 이 문제를 가지고 끝까지 씨름해야 하는 사람들은 이 문제를 못 벗어나는 이분들 자신들이다. 한부모들도 장애인들처럼 자기 조직을 만들게 도와주자. 장애인운동을 보고 머리가 트여서 그렇게 하게 된 거죠. 제게 그런 깨달음을 준 여성장애인연대에 굉장히 감사하게 생각했었죠. 제가 여성연합 대표를 맡으면서 엄청 바빴을 때도 여성장애인연대에 감사했어요. 그리고 지금은 영도 장애인자립생활센터의 운영위원을 하고 있습니다. 뇌병변 장애를 가진 분들이 많습니다.

— 중증장애인들이네요.

거의 중증이죠. 그분들이 의사소통 장애가 심한데도 단체를 만들어서 적극적으로 활동하고 단체를 일구어 온 걸 보면 참 대단하다고 감탄할 때가 많습니다. 2014년 가을에는 영도희망21과 영도장애인자립생활센터가 함께 마을축제도 만들었습니다. 중증장애인들 덕택에 노인, 임산부, 영유아 부모 등 노약자들이 참 편해졌죠. 지하철 엘리베이터와 계단 없는 건물, 턱 없는 도로는 이분들이 지하철로에 뛰어들고, 다리 난간에 매달리고, 몸을 쇠사슬로 묶기까지 하면서 사회에 호소한 덕분이죠. 2년 전 행사에서 센터장님이 휠체어를 탄 채 지하철 선로에 있는 사진을 보았는데, 참 대단하고 고맙다는 생각이 들었어요. 부산지하철에는 엘리베이터가 없던 2006년에 제가 발목을 크게 삐어 한 달간 휠체어도 타고 목발도 짚어보았는데, 계단 내려오기가 제일 힘들더군요.

풀뿌리는 힘이 세다

— 아까 풀뿌리 여성운동 이 부분은 얘기가 충분히 됐나요? 여성문제뿐 아니고 풀뿌리 여성조직문제 이런 문제에 대해서도 상당히 오랫동안 노력을 했단 말이죠. 그러면서 깨어 있는 시민들의 조직된 힘 특히 사회적으로 취약한 여성들의 조직화에 대해 상당히 많은 관심을 가졌는데 구체적으로 뭐 이런 조직화 사업을 위해서 모임을 주도하거나 만든 게 있다면 어떤 활동이 있을까요.

제가 부산여성회에서 다양한 여성들의 요구를 바탕으로 모임을 만드는 경험을 해보았어요. 그 경험을 바탕으로 여성연합 공동대표가 됐을 때 지역여성운동센터라고 하는 기관을 설치했지요. 그 기관에서는 서울지역을 포함해서 지역의 여성운동을 지원하는 역할을 하는데, 주요한 지원 방법을 풀뿌리를 강화하는 것으로 잡기로 했습니다.
여성들이나 주민들이 어려움을 겪고 있는 문제가 있을 때, 그 문제는 사회적으로 봐도 공감되는 문제이지만, 특히 그 문제의 직접적인 당사자들에게는 완전히 절실한 문제입니다. 그 사람들을 조직해서, 그 사람들이 문제도 얘기하고 해결책도 의논해서 그것을 실현하는 활동도 그분들이 하게 하는 것, 그것이 이 문제를 바르게 해결하는 정말 좋은 방법이라고 생각했거든요.

— 그전에 했던 방식에 대한 문제의식이 있었던 건가요?

네. 그전에 했던 방식은, 어떤 문제가 있으면 전문가나 활동가들이 이 문제의 현황과 원인을 분석하고 어떻게 풀어야 바르게 풀리겠는가를 정리해서, 정책 결정권을 갖고 있는 사람들에게 제안하는 방식이었습니다. 그 문제를 안고 있는 사람들은 그들 모두에게서 문제해결을 선물로 받는 식이었지요. 새로운 일이 생기면 또 이런 과정을 밟아, 당사자들은 수혜자가 되고 문제해결 역량은 정부정책을 다루는 전문가들만 커지는 거죠. 더 중요한 것은 혜택조차도 제대로 못 누린다는 것이죠. 가령 어떤 여성들이 겪고 있는 문제를 가지고 법을 만들거나 고쳐 그 여성의 문제가 풀렸을 때에도 이 여성과 같은 처지에 있는 많은 다른 여성들은 그 법이 만들어진 줄도 몰라 혜택을 못 받고, 어떤 분들은 그 법이 만들어진 것은 알지만 감히 실행을 요구할 수 없어서 이용 못 하게 되더라는 거죠.

— 문제해결을 위해 직접 나서면 다르겠죠. 같은 결과물이라도.

맞아요. 그 문제를 해결할 필요성을 절실하게 느끼는 당사자들이 뜻을 모으고 그것을 자기들의 힘으로 해결해갔다면 자기들이 만든 법을 잘 알고 적극 이용하려 할 것입니다. 그 법을 만든 과정에서 모인 힘들이 그 법을 사용하는 데 있어서 충분한 힘이 되죠. 그런데 그런 과정이 없으니 법과 현실의 괴리가 큽니다. 현실 문제를 안고 있는 사람들이 그 문제를 해결하는 당사자로 나서야 하죠. 지역을 들여다보면 모든 문제가 다 있잖아요. 모든 생활이 다 펼쳐지니까요. 거기 사는 지역공동체, 커뮤니티, 작은 지역공동체에 사는 사람들이 주체가 되어서 지역을 변화시키는 풀뿌리 운동을 하자는 거죠.

— 구체적으로 풀뿌리 운동은 어떤 형태로 나타나게 되나요?

예를 들면 어떤 회(會)가 있잖아요? 여성회가 있다, 정당이 있다, 노조가 있다, 학부모회가 있습니다. 그러면 그런 곳은 다 대표나 실무를 보는 사람 몇몇의 회지 나머지 사람들은 굉장히 수동적으로 참여를 하거나 아니면 회비만 내거나, 잘한다고 박수만 치거나 이렇게 하는 경우가 많잖아요. 그러면 단체의 풀뿌리가 병들게 된다, 풀뿌리가 활성화되지 않은 것이다, 라고 봅니다. 학부모회면 거기 속해 있는 학부모들이 주인답게 학부모회가 무슨 문제를 다뤄야 하는지 어떻게 활동해야 하는지 결정해야 하고 그 활동도 학부모가 해야 하죠. 노조도, 여성회도 다 그렇게 해야 하는데 잘 안 되죠. 그러면 침체되고. 기존단체의 활성화는 그 기존단체 회원들이 주인으로서 역할을 하는 것이 가장 좋은 방법이고, 그게 그 단체에서의 풀뿌리 운동이죠.

— 참여를 활성화시키는?

활성화의 핵심 조건은 참여이고, 그 참여의 핵심은 계획부터죠. 어떤 문제를 해결하자, 그 문제를 어떻게 해결하면 좋겠냐? 이런 것부터 시작하는 거죠. 보통 참여라 하면 다 정해놓고 마지막에 동원하는 걸 참여라고 생각을 하는 경우가 많아서요.

— 기획입안 단계에서부터 자발적으로 할 수 있도록. 의제설정부터.

네, 의제설정부터. 그 회의 사람들이 가장 관심을 많이 갖고 해결하기 바라는 문제를 의제로 설정하는 것부터 계획을 짜고 평가하는 것까지 주체적으로 하자. 단체도 마찬가지죠. 그 문제의 당사자들, 그 문제와 이해관계를 가지는 사람들의 관점이 반영되고, 그 문제 자체를 바라보는 것에서부터 시작해서 어떻게 해결할까 하는 대안, 그리고 그 해결책을 만들어가는 활동까지지요. 이런 과정이 지역공동체가 만들어지는 과정이기도 해요.

— 실제로 만든 게 대표적으로 어떤 것이 있을까요?

일단은 단체 활성화를 많이 했고, 주민들의 요구를 모아 마을 도서관, 마을기업, 지역아동센터 등을 만드는 것을 지원하고, 이런 것들을 끌어나갈 풀뿌리 강사 모임 만들기를 했어요.

— 실제로 그렇게 해보니 성과는 있던가요?

굉장히 크죠. 그래서 우리가 그런 평가도 했어요. 여성운동, 시민운동이 맞닥뜨린, 시민 없는 시민운동의 위기를 해결할 수 있는 마르지 않는 샘을 발견했다고요. 문제가 있고 바람이 있는 사람들이 바로 원천이라는 거죠. 여성들의 바람, 여성들이 느끼고 요구하는 것들, 여성이 아니라도 교사들이, 학생들이, 학부모들이, 주민들이, 다 마찬가지죠. 그것을 해결하고자 하는 사람들이 모여서 나는 왜 이런 부분을 바라나 하는 이야기를 하고, 그게 모아지면 우리가 그걸 해결하자. 그러면 어떻게 해결할까 의견을 모으고, 그리고 함께하고. 이게 풀뿌리 운동이라는 거죠. 요구가 없는 사람은 없잖아요. 버스에서 내리면 골목 가로등이 껌껌해서 너무 무섭더라, 저거 어떻게 하면 좋겠다. 우리 동네는 공장 근처에 있어서 냄새가 나서 안 좋다. 내가 나이 들어보니까 너무 외롭다, 이런 것도 있고요. 굉장히 다양한 요구가 있다는 거죠. 생활하는 데서 생기는 필요와 요구가 있는 곳에 풀뿌리 운동이 생긴다는 거죠.

자원봉사센터와 자활지원센터 센터장

— 박 대표 관심 영역 중에서 자원봉사센터와 자활사업도 있었다고 하는데요. 자활사업은 어땠습니까?

자활사업은 제가 2001년부터 2003년까지 센터장을 맡아서 초기에 방향을 잡고 역할을 했었습니다. IMF 때는 여성실업대책본부를 하면서 실업자에 대한 지원사업을 많이 했거든요. 부산실업자종합지원센터와 함께 우리는 여성실업 쪽을 중심으로, 또 청년을 중심으로 실업자 지원사업을 했어요.

— 구체적으로 자활사업의 내용에는 어떤 게 있습니까?

간병인 사업이 있었지요. 그때만 해도 집안에서 누가 아프면 부인, 부인이 없으면 며느리, 그다음이 딸 순서로 총동원되잖아요. 그러니까 그때가 간병인 제도가 민간에서 막 생기기 시작했던 때죠. 그래서 일자리가 없는 여성들을 위해서 간병인 사업을 하자, 사람들이 돌보는 것은 많이 해봤으니까 밖에 나가서도 그런 걸 하면 좋겠다고 생각했죠. 그리고 남성들을 위한 세차 사업도 시작했어요.

— 그런 일자리를 희망하는 분들과 연결하는 사업을 한 거군요?

단순히 연결하는 사업이 아니라 일자리가 없는 사람들을 모아서 일자리를 만드는 사업을 했어요. 간병인 교육을 하고 병원들에게 간병인 필요하지 않냐? 이런 보수로 이렇게 훈련된 사람이 간병을 잘할 수 있다, 이렇게 일자리를 구하는 거죠. 세차 사업은 바쁜 사람을 위해서 이동세차를 했고요.

— 새로운 사업. 일자리 아이템을 개발해서.

틈새 일자리 아이템을 개발해가면서 했습니다. 그때는 눈만 뜨면 자활사업에서 일자리 만들기를 하고 일할 수 있게 하고 그랬죠.

— 이게 부산여성회에서 한 것인가요?

부산여성회에서 구청의 위탁을 받아 했죠. 저는 자활사업에는 비상근을 하면서 우리 활동가들의 사업 방향을 잡아주고 사업 평가를 해주는 역할을 주로 했습니다. 그리고 전체 자활사업 참여자들의 참여의지를 높이는 교육을 많이 했어요. 제가 한편으로는 자원봉사센터도 했기 때문에 사람들에게 일자리를 일자리로만 생각하지 말고, 처음에는 우리 지역사회에 필요한 일을 봉사처럼 해보고, 돈을 주고서라도 할 만큼 정말 필요한 일이라 판단되면 일자리로 만들자고 제안했습니다.

— 자원봉사센터와 자활사업센터를 운영하면서 자원봉사센터에서 그 가능성을 타진해보고, 자연적으로 일자리로 연결될 수 있는 부분은 자활사업센터로 가고…

그렇죠. 초기에는 또 준비기간이 있기 때문에, 지역주민들의 생활에 꼭 필요한 것들을 찾아서 자원봉사 형태로 먼저 시도하고, 그걸 다듬어서 일자리로 바꾸는 방식으로요. 예를 들면 복지 바우처 같은 사업도 실제로는 그렇게 일자리가 된 거죠. 그런 방식의 일자리를 많이 시도했습니다.

— 상당히 과학적으로 접근하셨네요. 자원봉사센터 하면서 특별히 기억나는 일이 있나요?

앞에서 말했지만 장애인 부분이 있고요, 또 아빠가 혼자 애들 키우면서 경제적으로 넉넉하지 않은 집들은 굉장히 어려움을 겪고 있었어요. 제일 큰 문제가 살림을 안 하는 거예요. 밥, 청소, 빨래, 이게 안 되는 거죠. 애들이 학교 가면 냄새가 나니 친구들과 어울려 놀기 힘들겠죠. 또 집이 엉망진창이니까 학교

갔다 와도 집에서 쉴 수가 없죠. 그러면 바깥으로 나가요. 그러다 보면 길거리를 배회하며 다니다가 문제도 일으키고요. 또 먹을 게 없잖아요. 아빠가 돈 몇 푼 주는 것 게임 하고 뭐 하고 써버리고 나면 밥 먹을 게 없는 거예요.

그래서 생활교육, 즉 살림 사는 법을 가르쳐주고 싶었어요. 아이들과 아빠 모두에게. 봉사하시는 여성분들이 노인들 집에 가서 청소해주고 빨래해주고 밥해주고 반찬 챙겨서 갖다 주는데 이 거동이 불편한 어르신들과는 다르죠. 살림에서 독립하지 않으면 독자적인 인간으로 살 수 없잖아요. 요리학원하고 연계해서 요리교실 만들고, 청소 재미있게 배우는 프로그램을 만들려고 시도했던 게 기억에 남습니다. 자원봉사센터도 이렇게 좀 낮은 수준의 자활이라고 할까요. 자원봉사자들이 어떤 마인드를 갖느냐에 따라서 많은 사람들이 자기 힘으로 살아갈 수 있는 힘을 키우는 데 큰 도움이 되는 경우를 많이 보았습니다.

조직의 비전 컨설팅

— 각종 단체 컨설팅도 많이 했네요. 어떤 것이 있을까요.

여성단체연합 대표로서 지역여성단체들의 컨설팅은 기본업무로 수행했죠. 여성단체 활성화를 돕는 역할을 많이 하다 보니까 여성단체가 아닌 곳에서도 자기 단체를 활성화하려면 어떻게 하면 좋을지 말해달라는 부탁이 많이 왔어요. 2010년 초, 어느 지역에 여성회 만드는 걸 도와주러 갔다가 만난 분이 법무사가 되고, 법무사회에 들어가 임원이 되었어요. 여성법무사회가 2004년에 만들어져 발전을 계속하다가 정체기를 만난 시점이죠. 법무사들은 사회 구석구석에서 어려운 사람들과 접하면서도 공익적인 역할은 별로 없다 보니, 법무사가 뭐라고 하면 전부 다 자기 밥그릇 때문이라고 사람들이 생각한다는 겁니다. 그래서 여성법무사들은 그런 외부적 인식도 바꾸고 내부적 태도도 바꿔서 주민들에게 밀착된 법률서비스를 제공하는 친절한 이웃이 되고 싶은 거예요.

— 그런 말씀을 하셨군요.

여성법무사회가 실제적으로 이웃을 돕고, 법무사도 다른 일을 할 수 있다는 것을 보여주자고 마음을 먹은 거예요. 이렇게 해서 여성법무사들이 미혼모 문제를 돕게 됐어요. 미혼모, 한부모들이 입양이나 양육비 문제도 있고, 가족등록부, 출생신고 하는 문제도 있고, 재혼 시 아이의 성 문제도 있고, 아빠 인지하게 되는 문제도 있고요. 법무사와 연결되는 부분이 많더라고요. 그런 부분에 여러 분들이 관심을 가지고 현장에서 만나는 사람들의 딱한 사정을 모아서 이야기도 하시고, 그걸 법무적으로는 어떻게 해결하면 좋겠는지 의견도 내시고, 그렇게 하면서 분위기를 좀 바꾸면 좋겠다고 했죠. 4년이 흘렀을 때 여성전문직 단체가 다 모여 큰 행사를 하는데, 여성법무사회가 여성전문직 단체 중에서는 여성변호사회를 포함해서 사회적인 역할도 제일 크고 단결도 잘된다는 그런 얘기를 하시더라고요.

— 성인지(性認知) 예산 활동에도 좀 관여하셨죠?

여성연합이 2002년과 2003년에 성인지 예산 특별위원회를 만들어 전국의 활동가를 열심히 교육시키고 활동하게 했어요. 성과를 내기 전에 특별위원회가 기간이 끝나 해산되고, 관심 있는 단체들끼리만 활동하는 걸로 됐는데, 관심 있는 단체가 지역단체들이어서 자체적으로 진행하기는 어려웠습니다.
그때는 분권을 말하면서도 정책이나 정치가 중앙집권적인 모습이 많았잖아요. 서울에서 중앙정부를 대상으로 활동하는 여성단체들은 정책과정이나 법을 만드는 과정에 훈련이 되어 있어요. 정책이슈를 잡아서 여론화시키고 입법화하고 정책결정에 들어가게 하고 모니터링 하고 다시 환류하는 것이 여성단체 활동으로 정착되어 있었지요. 하지만 지방이나 서울지역의 구단위에서는 지방정부 자체도 법을 만들고 조례를 만드는 데 익숙하지 않고, 만들어진 것을 집행만 하는 상황이고, 여성단체들도 그런 훈련이 안 되어 있는 거예요. 성인지적으로 정책이슈도 분석하고 예산배정과 그 결과에 대해서도 분석해야 하는 작업이 너무 어려운 거죠. 제가 센터장으로 있던 지역여성운동센터에서 과외로 지원하면서 2009년경에 전국성인지예산네트워크가 발족하도록 인큐베이팅 역할을 했어요.

— 다문화가족도 많은데 다문화 쪽으로 활동하거나 지원한 것은 없습니까?

다문화 쪽은 '이주민과 함께'와 한국이주여성인권센터가 오랜 경험을 갖고 잘하죠. 부산에서도 국제결혼 한 이주 여성들과 사업을 할 필요성이 제기되었을 때 저도 함께 논의해서 부산이주여성인권센터가 만들어지는 것을 조금 도운 셈이죠.
2010년인가? 2011년인가? 국제결혼 이주여성들의 모임 BB센터의 조직컨설팅을 한 적이 있어요. 이때는 한국이주여성인권센터에서 의뢰를 받아 진행했죠. 조직 진단하고, 비전 워크숍과 계획 워크숍을 진행하고, 조직운영의 기본원리와 실제에 대한 교육도 했죠. 활동은 다양하게 많았지만 조직 수준은 친목모임이었던 BB센터가 조직의 목적과 사명, 비전을 분명하게 정립하고 조직체계와 조직운영 원칙도 정비해서 이주여성 당사자 단체로 발전하는 계기가 되었죠.

영도에도 다문화가족이 많아서 영도희망21에서 2012년 말부터 2015년 초까지 다문화가족 엄마들과 사업을 좀 시도해 보았는데 죽 이어지지는 않았어요. 2012년 말에 영도문화원의 부산문화재단 프로젝트인 다섯손가락 사업을 영도희망21이 도와서 했죠. 2014년에 다문화여성지원사업에 참여한 경험이 있는 회원분이 영도희망21에서 지원사업을 하고 싶다고 하여 사업을 좀 벌인 적이 있습니다. 부산마을만들기지원센터의 공모사업으로 첫 발걸음을 뗐어요. 우리는 보통 공모사업을 마중물처럼 활용하였어요. 어떤 사업이든 첫발 떼기가 어렵죠. 사람도 준비되어야 하고, 사업비도 있어야 하고. 우선 사업비가 있으면 크게 준비된 사람이 아니어도 사업을 하면서 준비가 될 수 있죠. 사업에 참여한 새로운 사람도 발굴하고요. 그래서 공모사업으로 시작하면 두 번째 걸음이 중요한데, 담당자가 집안일 때문에 공모사업을 마치고 활동을 못하게 되었어요. 아깝죠. 그래서 다른 분이 살려보려고 했는데 잘 안 되었습니다.

— 그다음에 보니까 보육을 걱정하는 모임이 있던데 이것은 뭐죠?

보육문제는 사회에서 정말 필요한데 우리 주변 여성단체에서 활동하는 회원들은 아이들이 다 컸기 때문에 보육문제 현장에서 떨어져 있는 거예요. 우리가 아무리 보육문제를 얘기한다고 하더라도 현장하고 깊이 밀착되어 있지 않으면 정책만 다루는 담당공무원 수준을 벗어나기가 힘들어요. 그래서 저는 아이를 키우는 엄마들이 이 문제를 다뤄야 한다고 생각을 했거든요.

— 어떤 계기가 있었습니까?

어느 날 보니까 페이스북에 아이 3명을 키우는 어떤 엄마분이 보육문제 이야기만 계속 올리는 거예요. 그때가 2012년 초반이었는데 정부하고 시설하고 힘겨루기 한다고 어린이집이 문을 닫고 유치원이 뭘 하고 그런 일이 많이 발생했어요. 그래서 그 엄마가 글을 막 썼더라고요. 우연히 그 글을 봤는데, 열 많이 받아 있고 해결하려는 의지가 굉장히 높더라고요. 그래서 그분을 찾아서 만났어요. 아이 3명 키우면서 어린이집 유치원에 대해서 할 말이 끝도 없이 많은 거예요. 그래서 선생님, 이거 꼭 해결하고 싶으세요? 물어보니 해결하고 싶다고 그러더라고요. 그러면 어머니와 같은 생각을 가진 사람을 다섯 명만 모으세요. 다섯 명만 모으면 할 수 있습니다. 이렇게 말하고 그때 제가 바빠서 직접은 못 하고 다른 분을 연결해 드렸죠. 그 후에 보니 아이 세 명 엄마가 보육모임을 만들어 대표가 되었더군요.

— 이게 전국모임인가요 아니면 부산모임인가요?

부산모임인데, 그 뒤에 서울모임과 연결되어 전국모임까지 만들었어요. 전국모임을 만들었지만 서울은 활동이 약하고 부산이 세니까 중앙방송들도 부산활동을 내보내더라고요.

— 당사자가 나서는 게 중요하다는 말씀이죠? 요양보호사협회도 그런 경우죠?

당사자의 힘이 굉장히 크죠. 여성연합 대표로 있을 때 한국노총, 민주노총 병원관계자 이런 사람들하고 장기요양보험을 만드는 작업을 했거든요. 그때 공공연맹 쪽에서 병원노동자들에 대한 사업을 하더라고요. 병원노동자 간호조무사들 조직하러 다니시는 거예요. 그래서 제가 그분한테 장기요양보험이 시작되면 요양보호사가 늘어나니 미리 조직하라고 조언을 했죠. 우리가 가사도우미 조직한 경험으로 봤을 때 요양보호사들도 조직이 돼야 나중에 근로조건도 개선하고, 요양보호사가 파견되어 나가면 환자와 1:1로 일하게 될 텐데, 환자도 요양보호사도 인권이 보장되면서 일해야 되니까 당사자 단체가 필요하다고요. 요양보호사들도 교육을 시켜서 질 높은 서비스를 제공해야 하잖아요.

— 박 대표 경력을 보면 대통령 직속 지방이양추진위원회 위원, 경찰청 혁신위원회 위원, 여성가족부 정책자문위원, 부산시 여성정책 자문위원, 여성농어업인 육성정책 자문위원, 서울교육청 학생생활정책 자문위원, 부산건강도시사업 지원단, KBS 시청자위원, YTN 시청자위원, 서울시 복지거버넌스 가족분과 위원, 한국가족사회복지학회 부회장 등 활동 폭이 상당히 넓네요.

주로 심의하거나 자문하는 일인데, 이런 일들은 관점이 뚜렷하고 현실을 잘 알면 할 수 있는 일이에요. 제가 오랫동안 활동을 해왔으니까 여성의 처지와 경험, 여성의 관점과 중심으로 현안에 대한 의견을 내는 일은 부담이 없지요. 여성들이 없는 곳은 없잖아요. 또한 저는 한부모, 미혼모 등 처지가 어려운 여성들과도 함께해왔고, 그분들과 연결된 사람들의 문제도 함께 다뤄왔기 때문에 폭이 넓을 수밖에 없어요.
원래 일을 하면서 일을 배우잖아요. 제 자문을 구하는 분야에 자문을 하면서 그 분야를 알아가죠. 저는 아직까지 왕성한 호기심과 배움의 욕구가 있어 새로운 분야를 빨리빨리 습득하는 편입니다. 또 자문을 해야 할 부분에 대해 평소의 입장과 기본 관점만 갖고 가서 발언하지는 않습니다. 현재 상황이 어떠한지, 그 속에 있는 사람들의 어려움과 무엇인지를 파악해서 참여하고 발언합니다. 우문현답, 우리들의 문제는 현장에 답이 있다는 말을 사자성어처럼 표현한 것인데 정말 맞는 말이에요.

한부모의 조직된 힘

— 그리고 박 대표가 보면 한부모 문제 미혼모 문제 이주여성 인권문제 소외계층이라고 할까요, 우리 사회에서 열악한 환경에 있는 여성이나 가족에 대해서 상당히 많은 노력과 시간을 투자한 걸로 알고 있습니다. 한부모 가족에 대해서 이야기 나누어보죠. 이 일에는 어떻게 본격적으로 뛰어들게 됐습니까?

1997년 IMF 이후 여성 실업자들의 문제에 대응하다 보니까 여성 실업자들의 다수가 여성 한부모들이었어요. 처음으로 여성운동에서 여성 한부모를 만나게 된 거죠. 이분들이 진짜 어렵게 살고 있었는데 우리는 그걸 모르고 이때까지 정말 제대로 안 했구나, 이런 반성을 하면서 한부모에 관심을 갖게 되었죠.

— IMF 때군요.

네, 당시에 남녀 모두 실업자가 쏟아졌는데 방송에서는 계속 고개 숙인 남자만 이야기하고 실직된 아버지들의 모습만 보여주었죠. 여성노동사업 하는 곳들이 즉각 논의하여 지역마다 여성실업대책본부를 만들고, 기자회견 하고 여성실직자 상담전화를 개설해서 홍보를 했습니다. 굉장히 많은 사람들이 전화를 걸어오고, 우리 여성회 사무실로 찾아오고 그랬습니다. 그런데 거기에 온 2/3 가까운 사람들이 혼자서 아이를 키우는 엄마들이었던 거예요. 이혼하거나 사별해서 혼자 아이들 키우는데, IMF 이전까지만 해도 열심히만 하면 먹고사는 데는 지장이 없다 이랬잖아요. 그런데 IMF가 오니까 이분들이 다니는 작은 공장부터 무너지는 거죠. 사장도 마찬가지고 노동자도 마찬가진데 노동자들은 더 힘든 거죠. 월급 받아서 한 달 한 달 생활하던 사람이 두세 달 체불됐다가 결국 못 받고 회사가 문을 닫으니까, 그분들이 와서 사정을 얘기하는데, 기가 막힌 거예요. 땟거리가 없고 방세도 못 내고.

— 그렇게 한부모가족들을 만나보니까 한부모가족이 안고 있는 사회적인 상황이나 형편이나 위치는 어땠습니까?

이분들이 아이 키우며 사느라 그렇게 고생하는데 정작 이혼했거나 사별한 사실을 숨기는 거예요. 사람들이 손가락질한다고 말입니다. 알게 되면 좋은 말이 안 오더랍니다. 이혼하거나 사별한 것 그 자체만으로도 힘들고 혼자 힘으로 애 키우는 것도 힘든데, 다른 사람들이 나에 대해 비난을 할까 봐 숨기고 살면 더 힘들잖아요. 그게 너무 안됐고, 잘못됐다 생각했죠.

— 생활도 어려운 경우가 많지요?

그렇죠. 이분들이 직장을 다니고 있는데도 간신히 입에 풀칠할 정도만 벌었어요. 거기에 한두 달 월급 못 받으니까 바로 바닥에 떨어지는 거죠. 이분들은 가장인데도 불구하고 여성이라는 이유로 제일 낮은 대우를 받으면서 일을 해야 하는 거예요. 남자 결혼한 사람, 결혼 안 한 남자, 결혼 안 한 여자, 결혼한 여자, 이혼하거나 사별한 여자 이런 순서로 노동조건이나 임금이 돌아가는 거예요.

— 왜 그럴까요?

이게 여성문제와 연결되어 있었어요. 한부모들 대부분이 경력이 단절됐다가 한부모가 된 후 일하러 나오는 경우였어요. 장기적 경력단절로 인해서 노동능력이 많이 퇴화되었어요. 이분들이 할 수 있는 일이 집에서 늘 하는 청소, 설거지, 음식 같은 종류밖에 없는 거죠. 그런데 그 일들은 우리 사회에서 가치를 낮게 매겨서 급료가 낮단 말이죠. 왜 가치를 낮게 매기냐? 이런 노동은 아무나 해도 잘하니까? 아니죠. 여성들이 하기 때문에 낮게 매기는 거죠. 또한 여성들이 경력단절이 되는 이유도 예나 지금이나 결혼, 임신, 출산, 양육 때문입니다. 정부와 사회가 이 문제들을 적극적으로 해결하지 않는 것도 여성문제입니다. 여성들도 남성과 마찬가지로 부모 되기와 일하기를 동시에

할 수 있는데, 여성에게는 양자택일만 하라고 합니다. 결혼하기 전에 잠시 일해 보는 것이지, 여자의 본업은 가정살림이라는 거죠. 따져보니까 한부모들이 어려운 이유가 다 여성문제더라는 거죠.

— 이 한부모는 여성가장이잖아요. 그런데 가장이 경제적으로 취약한 상황에 있단 말이죠. 그럴 경우에 가족이라는 공동체가 붕괴될 위험성도 굉장히 커지겠죠?

굉장히 크죠. 다만 가난한 남성 한부모들에 비해서는 나아요. 아직까지 여성 한부모들은 가사와 육아에서 남성들보다 더 본 게 있고 훈련된 게 있어서 훨씬 낫죠. 가족공동체가 유지는 되는데 경제적으로는 굉장히 어려운 처지에 속하는 거죠. 급료가 작아서 두 개 세 개 일을 더해야 하니까 아이를 돌볼 수 있는 시간이 없거나, 이미 체력을 다 소진하고 집에 돌아오니까 애를 돌볼 수가 없죠.

— 한부모들을 경제적으로 지원하거나, 그들을 위한 법이나 정책을 청원하는 식으로 하지 않고 한부모조직을 만들도록 지원한 이유가 뭔가요?

1998년 겨울에 여성연합과 회원단체들이 여성가장 겨울나기를 진행했어요. 30여 개 단체들이 참여했는데 함께하지 못하는 단체들이 많아지는 거예요. 한부모가정들이 1~2년 도와준다고 해서 형편이 나아지는 것도 아닌데, 고민 끝에 장애인처럼 당사자인 한부모들이 스스로 조직해서 세력화하는 것만이 답이다 결론 내렸죠. 부산여성회에서는 2001년부터 조직화의 결실을 맺었고, 여성연합 회원단체를 중심으로 2004년에 한부모지원사업단체네트워크를 만들었다가 2007년 초에 전국 한부모네트워크를 만들었어요. 3년 사이에 당사자 조직의 비중이 더 커졌어요. 또 3년 동안 당사자 조직화가 많이 진행되어 2010년에 한국한부모연합이 만들어집니다. 2010년까지는 부산의 여성한부모조직이 큰 역할을 했어요. 네트워크 대표도 맡고. 전국적인 차원에서 법안을 개정하고 정책대응을 하려니 부산에서 안 되겠더군요. 이런 일들이 서울에 있는 국회와 정부부처에서 결정 나니까요.

— 박 대표께서 2016년인가요. 한부모가족지원법 개정에 대해서 상당히 공을 많이 들였죠.

네. 20대 국회에서는 한부모가족지원법을 대폭 개정하자고 2016년 초부터 마음먹고 뛰었어요. 한부모가족지원법 개정운동은 우리가 12년 만에 결실을 얻은 것입니다. 2006년부터 움직임이 있었거든요. 2002년에 저출산 쇼크가 있었어요. 출산과 육아를 지원하는 그런 정책이 필요하다 해서 2005년에 여성가족부가 생겼죠. 가족부에서 가족기능이 와해됐거나 와해

될 위험성이 높은 취약한 가족들을 돌봐야 하는데 그 가족이 한부모가족인 거죠. 한부모가족에 대한 정책을 만들기 위해서 2006년부터 여성가족부가 노력을 했어요. 외국사례도 많이 연구해서 상당히 괜찮은 종합적인 안이 나왔어요. 저는 여성연합 대표로서 자문으로 많이 참여했어요. 기대를 걸었는데 한부모를 양산할 우려가 있다고 법이 통과되지 않았어요. 이후 여성가족부는 소극적이 되었죠.
2007년에 한부모가족지원법으로 개정이 되었어요. 한국여성노동자회가 앞장서서 조사, 연구 작업을 했습니다. 그걸 바탕으로 법안 개정을 시도했으나 한부모가족지원법이 강화되면 한부모 이혼사별을 부추긴다는 논리의 반대세력도 있어서 아주 조금 개정이 됐습니다. 예를 들면 모부자복지법이 한부모가족지원법으로 이름이 바뀌고, 조손가족부분이 이 법의 대상으로 포함되고, 18세가 넘어도 자녀들이 부양할 수 있는 형편이 안 될 때는 지원대상 그대로 한다, 이런 조항만 넣고요. 아쉬운 대목이었는데 이번에 법이 더 많이 개정됐죠.

— 2017년도 12월 29일 통과가 됐죠. 어쨌든 한부모가족지원법이 개정될 때까지 꾸준하게 활동한 거죠?

2007년에는 참여자 중 한 사람에 그쳤다면 이번에는 역할을 많이 했죠. 19대에도 이런저런 개정안이 올라갔지만 미미한 변화였고, 그나마 통과된 것이 거의 없었습니다. 작전이 좀 필요

했죠. 미혼, 이혼, 사별. 원인은 달라도 혼자서 아이 키우는 부모라는 것은 똑같지만 사회적으로 미혼모에 대한 관심이 높으니까 미혼모를 앞세워 개정을 시도했습니다.

2015년부터 명랑캠페인이 우리와 손잡고 연극을 통해 법을 개정해야 한다는 분위기를 확산했습니다. '정책토론연극'이라는 형식을 도입하고 미혼모들이 직접 주인공으로 나오는 〈미모 되니까 1〉, 〈미모 되니까 2〉를 만들어 여기저기 공연을 많이 했어요. 그리고 한국미혼모지원네트워크와 한부모미혼모 당사자조직이 결성한 한부모정책포럼에서 개정 법안의 내용을 준비했습니다. 2015년에 한국여성복지연합회에서 제출한 법안 개정내용도 크게 반영해서 만들었어요. 의원실과 국회 법제실도 힘을 많이 썼습니다. 2017년 1월 23일, 40명이 넘는 의원들이 발의했어요. 그리고 2017년 12월 29일 과거와 비교해 가장 큰 폭으로 개정되었습니다. 비록 우리의 초안에 비하면 많이 잘렸지만요.

한국미혼모지원네트워크

— 그리고 또 미혼모가족에 대해서도 상당히 많은 노력을 기울이셨는데 미혼모문제는 어떻게 관심을 가지게 됐나요?

이혼사별 한부모를 돕다보니까 이혼사별 한부모 중에서 미혼모 한 분을 알게 됐어요. 그런데 그분은 아주 강한 분이라 모임에 나서지만 자기도 아는 미혼모가 없어요. 미혼 한부모들은 사회적으로 지탄을 더 받기 때문에 자기들을 안 드러낸다는 거죠. 그래서 그 사람들을 찾으려고 한부모네트워크에서 노력해서 인터넷에서 미혼모 카페를 찾았어요. 그런데 미혼모가 아니면 카페에 접근이 안 됐어요. 카페에 들어가려면 혼인증명서와 호적등본을 제출해서 내가 혼인하지 않고 아이 키우는 미혼모인 걸 증명해야 하는 거예요. 이걸 통해서 진짜 미혼모는 한부모 중에서도 더 어려운 사람이구나 하는 걸 느꼈어요. 지금은 미혼모라고 얼굴도 못 드러내고 있는 상황이지만 분명히 미혼모들 중에서도 자기들의 문제를 해결하기 위해서 스스로를 조직하고 힘을 합쳐서 헤쳐나갈 수 있는 분들이 많이 생겨날 거다, 이런 생각을 가지고 미혼모들을 많이 찾았어요.

— 그럼 미혼모들과 언제 어떻게 연결되었나요?

2009년 3월에 처음으로 미혼모 당사자 조직을 만들고 싶으니 도와달라는 미혼모를 만났습니다. 2008년부터 미혼모 정책연구를 시작한 대학동기의 소개로 만났습니다. 일이 되려고 하니 이 친구가 2008년 송년회에서 몇 년 만에 저를 만나 제 관심사를 알았는데 두 달 후에 미혼모들도 함께 오는 자리에서 당사자 조직을 만들게 도와달라는 호소를 받은 거예요. 그 미혼모들이 "정책연구나 미혼모시설 정책간담회 등에서 1년 이상을 당사자로, 사례발표자로 참여했는데 미혼모들은 좋아진 게 없고 미혼모 시설만 발전하더라. 우리도 장애인처럼 당사자 조직을 만들어서 우리 권익을 향상시키고 싶다. 왜 그런 걸 안 도와주고 맨날 우리 어렵게 사는 것 얘기만 하게 하냐?" 그렇게 강력하게 문제제기를 한 거죠. 내 친구도 그걸 듣고 크게 공감하여 저를 소개해준 거죠.

— 우리 사회에서 미혼모가 가지고 있는 고통은 어떤 겁니까?

한국미혼모지원네트워크의 중요한 모토 하나가 이 땅의 모든 어머니들은 자기의 아이를 기를 권리가 있다, 이거거든요. 입양특례법이 만들어지기 전까지는 미혼모들이 내가 내 아이를 낳아서 기를 수가 없는 거예요. 아버지를 아버지라 부르지 못하고 형을 형이라고 부르지 못한다고 수백 년 전의 홍길동이 한탄을 했는데, 지금 이 시기의 인권이라고 하는 것이 자기가 낳은 아이를 자기가 키울 수 없는 사회라고 하는 거, 이게 가장 큰 문제고요.

그리고 그 아이를 온갖 어려움을 뚫고 키우겠다, 이렇게 했을 때 받는 불이익과 고통이 너무 크다는 거죠. 그래서 그것이 엄마나 아이들의 삶에 아주 부정적인 영향을 준다는 거죠. 그렇게 내가 아이를 낳아서 기르면, 둘이 키워도 힘든데 혼자서 키우면 얼마나 힘들겠나, 이렇게 생각하고 도와주는 게 아니라 불이익을 주고 손가락질을 하는 거죠.

— 숨겨야 하고 키우지 못하고 입양을 시켜야 되는 상황이 발생한다는 것 자체가, 산모도 산모지만 나온 애 같은 경우 엄마의 환경으로부터 격리되거나 굉장히 다른 환경으로 가는 거잖아요. 그것도 큰 폭력이 될 수 있는 거죠.

맞습니다. 저도 제 아이를 키울 때는 그런 걸 자세히 몰랐습니다. 애기가 뱃속에서 태어나서 유년기까지의 삶이 원초적 경험이 되어 그 아이의 인생 전체에 영향을 미친다, 이런 걸 우리가 잘 몰랐죠. 아기가 세상에 나오기 전에는 생모가 우주 전체죠. 입양아들이 생모와 헤어지는 과정은 세상과의 끈이 끊어지는 불안과 고통이라고 합니다. 안정적으로 입양될 때까지 두세 번 옮기는 과정을 거치면서 그 마음속에 깊은 구멍과 상처가 생긴다는 거죠. 마음의 구멍이 있어도 큰 사랑을 받으면 메꿔지긴 하지만, 그래도 안 메꿔지는 아주 작은 구멍으로 남기도 하죠. 그러다 살면서 인생의 크고 작은 어려움을 겪게 되면 그 구멍이 감당 못 할 정도로 커져 더 복잡하게 돼버리기도 하고요.

— 보통 미혼모 같은 경우 정말 어쩔 수 없는 상황에서 애를 가지는 경우도 있는데, 요즘은 또 자발적인 의지로 애를 가지는 경우도 있다면서요?

지금은 얼마나 다양한 사람이 살고 있습니까? 당연히 있을 수 있지만, 비율로 볼 때는 아주 미미하죠.

— 아직 미혼모에 대한 우리 사회의 편견도 많고, 미혼모가 처해 있는 사회적인 지위나 위상도 굉장히 열악하잖아요. 그래도 입양특례법이 생긴 이후에 변화가 있었다면서요?

입양특례법이 2011년 8월에 개정되었죠. 그전에는 입양촉진법이었죠. 입양촉진법이 폐기되고 입양특례법으로 재탄생한 거죠. 2012년 8월부터 이 법이 유예기간을 거치고 발효가 됐는데요. 이 법의 가장 큰 역할은 입양에서 양육으로 물꼬를 텄다는 거죠. 그전까지만 해도 결혼 안 한 사람들이 아이를 가지게 되면 민간에서는 낙태를 권유하고 아이를 낳는 쪽으로 가게 되면 다 입양이었거든요. 그래서 지금도 그 흔적으로 미혼모 시설들은 외딴곳에 많고 교통접근이 어려운 곳에 많이 있었죠. 사회문화적으로 허용이 안 되고 정책적으로 완전히 방치되어 입양과 관련한 정책만 있었으니까요. 사회적으로 결혼 안 한 사람이 아이를 낳으면 손가락질에, 회사도 잘리고, 학교도 잘리고, 가족들까지 외면하니까 선택할 방법이 없었던 거잖아요. 전체적으로 낙태 아니면 입양으로 가게 되는 그런 분위기였죠.

— 입양특례법인데 어떤 점에서 양육으로 물꼬를 튼 겁니까?

입양특례법에서는 입양을 다룸에 있어서 아동의 이익을 최우선으로 해야 함을 기본원칙으로 밝히고 있어요. 아동의 이익을 최우선으로 본다면 낳아준 부모와 살아가는 게 제일 좋은 거죠. 두 번째로 친척과, 그다음이 자기가 태어난 나라에서 자기와 같은 모양의 사람과 살아가는 거죠. 근데 이 나라가 기근과 전쟁으로 도저히 아이들을 키울 조건이 안 되는 경우에만 해외입양을 해야 한다는 겁니다. 유엔아동권리협약이나 입양에 관한 헤이그협약에도 정립이 돼 있잖아요.

입양촉진법과 입양특례법 이전에는 거꾸로 되어 있었죠. 해외입양을 가장 많이 했으니까요. 그래서 88올림픽 때 입양아들을 보고 한국은 아직도 전쟁 중인 줄 알았는데 올림픽을 한다니 놀란 외국사람들이 많죠. 전쟁은 50년대에 끝나고 경제도 상당히 좋아진 것을 알고는 그때까지 자기 나라 아이들을 입양 보낸다고 욕을 많이 했죠. 한국은 수출을 하다 하다 아기 수

출, 고아 수출까지 한다고요.
해외입양의 문제점이 많이 지적되니까 국내입양을 촉진하기 위해 2005년에 입양촉진법을 만들었어요. 맨 앞에 있던 해외입양을 두 번째로 돌리고 국내입양을 앞자리에 놓은 법이죠. 입양인들이 이를 적극적으로 비판하면서 아이를 낳은 부모들이 키우는 것을 중심에 두라고 요구했어요. 입양특례법에는 아동의 이익을 최우선에 놓는 원칙에서 원가정 보호를 우선으로 한다고 명시되어 있어요. 아이를 낳은 원가정에서 아이를 양육할 수 있는 조치를 다 취하고 도저히 안 되는 경우만 입양을 한다는 거죠. 이 부분이 미혼모들이 입양에서 양육으로 물꼬를 트는 데 큰 역할을 한 겁니다. 미혼모들이 주변에서 듣는 이야기도 달라졌죠.

— 어떻게요?

결혼하지 않고 임신한 상태에서 배가 불러오기 시작하면 직장이나 학교를 그만두고 미혼모시설에 입소를 많이 해요. 입양특례법이 있기 전에는 양육을 권유하는 시설은 소수이고, 입양을 당연하게 생각하는 곳들이 많았어요. 우리 사회 분위기가 그러했으니까. 시설에서 볼 때 정말 자기 혼자 살기도 어려운 미혼모가 아이를 입양 보내지 않고 키우려 하면 참 딱한 거예요. 그래서 예를 들면 "네가 가진 게 뭐 있냐. 네가 기르려면 아비 없는 자식이라고 손가락질 받는 것밖에 더 있냐. 미국 같은 데 가

봐라. 미리 유학 가는 거랑 똑같다." "서울에 살면서 아빠가 좋은 직장에 다니고 엄마도 많이 배우고 집도 부자인데 얼마나 아이를 잘 키우겠냐? 네가 키우면 그 사람들만큼 뒷바라지를 해주겠냐?" 엄마들에게 이렇게 얘기를 하는 거예요. 그러면 엄마는 내가 그만큼 못 키워주겠다 싶잖아요. 시설을 나가면 하루하루 살아가는 것도 벅찬데, 내 옆에 있으면 손가락질 받고, 혹시 애가 문제아가 되면 내가 그 애한테 죄 짓는 게 되잖아요. 그래서 슬픔을 참고 고통을 참고 애를 보내는 거예요. 그런데 입양특례법에 의하면 그렇게 못 하도록 되어 있죠. 아이 낳고 1주일이 되기 전까지는 가볍게라도 입양을 권유해서는 안 돼요.

— 입양특례법이 미혼모들에게 의미가 대단히 큰 법이네요?

네. 입양특례법 이전의 입양 중심 정책은 미혼모의 자녀와 미혼모를 우리 사회에서 지우고 흔적 없이 만들어버리며 그분들의 인권을 짓밟는 정책이었죠. 그런데 입양특례법은 아동 이익 최우선과 원가정 우선 보호라는 두 가지 원칙을 확립하고, 그게 도저히 안 되는 조건의 아동은 아동 이익을 최우선으로 해서 입양을 시키라는 방향을 정립한 거예요. 그게 입양특례법의 큰 의의예요.

— 정책적으로 미혼모에 대한 지원이 향상됐습니까?

과거에 비하면 많이 좋아진 것은 맞아요.

— 대표적으로 어떤 게 실질적인 도움이 되나요?

일단 미혼모에 대한 사회적 인식이 많이 향상되었습니다. 상징적인 일을 말씀드리자면 2017년 12월 29일에 한부모가족지원법 개정안이 국회를 통과했어요. 앞에서 10년 만이라고 말씀드렸죠. 또 하나는, 다른 사람은 그냥 넘어갔을 텐데 저는 굉장히 의미 있는 사건이라고 생각하는 게, 문재인 대통령께서 새해를 맞아 열 명의 국민들과 직접 전화로 새해인사를 나누셨는데 그중에 한 명이 미혼모였어요. 대통령께서 진화하는 열 명에 미혼모가 들어갔다는 걸 저는 이제 더 이상 미혼모들을 배제시키지 않고 우리 사회가 온전히 끌어안는다는 것으로 해석했습니다. 미혼모들에게 여전히 불이익과 어려움이 있으면 국가와 사회가 함께 돕겠다, 이런 뜻을 보여주는 거라 생각해요. 그런 의미에서 앞으로 크게 인식 개선이 이루어지지 않을까 합니다. 아동양육비가 과거 5만 원에서 13만 원으로 인상되고, 중위소득 60%까지 임대주택에 입주할 수 있는 우선권을 부여받고, 대안학교만이 아니라 원적 학교에서 계속 다닐 수 있는 등의 변화가 있지만 더 중요한 것은 인식의 변화입니다. 지금까지 제안된 좋은 정책들이 미혼모를 양산할까 하는 우려로 시행이 보류되었으니까요.

— 10년 만에 큰 변화가 있었네요.

네, 한국미혼모지원네트워크가 활동한 지 10년 만에, 미혼모 당사자들이 조직을 만들어 활동하기 시작한 지 10년째에 이런 변화가 왔죠. 앞으로 10년 후에는 미혼모 가족이 아무런 차별받지 않고 아이를 잘 키우며 살 수 있는 그런 사회가 되길 바라고, 저도 노력을 계속할 생각입니다. 10년 만에 인터넷 카페에서도 숨어 있던 미혼모들이 자조모임뿐만 아니라 미혼모와 관련한 사회적 문제를 해결하는 활동까지 광범위하게 펼치고 있는 것을 보면 제일 감명이 깊어요.

— 서울시와는 미혼부모에 대한 차별방지를 위한 협약도 맺었다면서요?

2016년에 맺었어요. 서울시와 서울교육청, 한국경영자총협회, 대한산부인과의사회, 한국PD연합, 그리고 한국여성연합과 한국여성단체협의회, 서울사회복지공동모금회, 함께 일하는 재단도 참여했어요. 미혼모 당사자 단체와 저희 네트워크도 참여했고요. 이번 지자체 선거 이후에는 다른 시도에도 확산되었으면 좋겠습니다.
그 협약에서도 제일 큰 문제는 직장문제예요. 남녀고용평등법이나 근로기준법에서는 결혼과 상관없이 아기를 임신하고 낳고 기르는 여성들에게는 산전 진찰이라든지 출산휴가 육아휴직 다 주게 돼 있는데, 현장에서는, 결혼도 안 했는데 그런 거 받으려고 한다고, 아직까지 그런 데가 있어요. 이분들이 직장을 잃고 수입이 끊겨버리니까 생존이 벼랑 끝에 떨어지게 되는 거예요. 아무 죄도 없는데 왜 직장을 못 다니게 하나, 왜 학교를 자르나, 그 문제들부터 해결해야 한다는 거죠.

은빛노인학교

— 요즘 고독사도 많이 늘어나고 또 우리 사회에서 노인층이 외롭기도 하고 사회경제적으로 굉장히 취약한 계층이라고 볼 수 있는데 은빛노인학교 이건 뭐죠?

제가 여성연합 대표로 일할 때라서 직접 하진 않았어요. 그때는 노인이 된 엄마하고 40대가 된 딸이 함께 여행 가는 게 유행하려고 하는 그런 때였어요. 또 우리 회원들만 봐도 부모님들이 혼자 살게 되면서 외로움을 많이 타시고, 치매도 되고 그런 때였어요. 우리 회원들한테 노인이 된 부모님 걱정이 현실적으로 많았던 거예요. 세상을 떠나실 때까지 활기차고 자기 삶의 주인답게 살 수 있는 걸 보장하는 게 복지 아닌가. 행복하고 활기차게, 또 자기 삶을 계획하고 끝까지 주인으로 사는 게 좋은 것 같다, 그런 얘기들이 많이 오갔죠.

— 어르신들이 활기차게 말이죠?

어르신들이 스스로 하기는 아직은 힘드니까 노인문제에 관심 있는 우리 회원부터 다 모아보자, 이렇게 시작했어요. 이분들이 갖고 있는 걱정, 근심 그리고 앞으로의 바람을 얘기하고 그걸 실현하기 위해서 우리가 무엇을 하면 좋겠는가를 의논해보자, 저는 이렇게 도와준 거죠. 요양보호사협회 만들던 때처럼요. 그래서 노인학교를 만들기로 한 거예요. 노인대학이 있지만 이 노인대학은 상당히 남자 중심이더라, 또 멀리 있으니까 가기 힘들다, 우리 지역에서 노인대학을 하자, 이렇게 은빛노인학교가 주민센터를 빌려서 시작됐지요.

— 마을공동체 사업에 노인들 참여. 이건 어떤 얘기입니까?

우리 부산에는 산복도로 르네상스라든지 행복마을이 많잖아요. 그런 동네들이 원도심에서 인구가 빠져나가고 쇠퇴한 곳이다 보니까 거기서 마을을 다시 활성화시키고 공동체를 활성화시키려고 노력하고 있는데요. 그 안에 주력으로 움직이는 분들이 60~70대 노인이거든요.

— 노인문제에 대해 다른 고민을 한 게 있나요?

어르신들하고 많이 했던 마을공동체가 있고요. 또 하나는 건강도시 사업이죠. 제가 부산 건강도시 사업에 2012년부터 강사로 들어갔다가 2014년에는 건강조직지원단에 결합해서 함께하고 있는데요, 2015~2016년까지 대체로 한 구에 한 동을 잡아서 사업을 했고, 2017년부터는 한 구에 2개동씩 건강마을 센터도 만들고 사업이 이어지고 있는데 오시는 분들이 정말 어르신들이에요. 60, 70, 80대 어르신들이 굉장히 많아요.

— 어르신들이 밖에 나오시는 게 좋죠.

어르신들이 건강도시 사업이라든지 경로원이라든지 노인대학이라든지 복지관이라든지 어쨌든 혼자서 집에 계시지 않고 밖으로 나와서 본인들이 하고 싶은 것을 여러 사람들과 즐겁게 할 수 있도록 하면 정신건강, 신체건강에 굉장히 큰 도움이 되죠.
이런 걸 안 하시는 어르신들은 아프면 병원에 가는데요. 병원에 가는 게 소일거리인 거죠. 특히 어르신들이 많이 가는 병원은 의사 간호사들이 굉장히 친절해요. 의사 간호사가 자기 자식보다 친절하게 아픈 곳 물어보죠. 자식들은 아픈 거 계속 얘기하면 싫은 내색을 하잖아요. 만져주고 또 가면 주변에 어르신들 안부 인사도 나누고 그게 좋으신 거예요.
그런데 이런 여러 가지 활동을 하게 되면 훨씬 더 즐겁죠. 지금 어르신들이 고독사가 많지 않습니까? 자식이 있어도 혼자 사시는 분들이 많아요. 자식들은 경제적으로는 도와주는데 같이 살지 않는 사람들이 많단 말이죠. 그분들도 불쌍한 사람이 아닌데도 고독사하는 불쌍한 사람이 될 수밖에 없는 거죠. 그래서 지역사회에 모임과 프로그램, 공동체가 잘 되어 있으면 외롭지 않게 살 수 있겠지요.

— 이런 문제는 구청단위에서도 큰 돈 들이지 않고 네트워크를 할 수 있겠네요.

그렇죠. 50대 60대에 봉사하시는 분들이 많고요. 이끌어 나가시는 분도 있고요. 제가 건강마을에 가보면 70대 후반인데도 본인이 건강하니까 70, 80대 어르신들과 함께 체조라든지 노래모임을 잘 리드하시는 분들도 많거든요. 어르신들의 건강 소모임. 이런 걸 많이 활성화하면 좋겠다는 생각이 들어요.

— 구청단위에서 큰돈 들이지 않고 네트워크를 만들 수 있다?

제가 마을만들기 사업을 많이 하는데 제일 돈 안 들이고 효과 많이 보는 게 건강도시 사업이라고 생각됩니다.

마을만들기 트레이너

— 마을공동체 마을만들기에 직접 참여도 하고 주민교육도 많이 하시는데 마을만들기 사업은 박 대표에게는 어떤 의미가 있을까요?

제가 해왔던 풀뿌리 운동의 연장선이죠. 풀뿌리 운동의 중요한 목표가 풀뿌리 민주주의거든요. 깨어 있는 시민들의 조직된 힘이 민주주의 최후의 보루라고 하는데, 이 깨어 있는 시민들의 조직된 힘이 국가 단위만의 일도 아니고, 거리에서 그쳐서도 안 되죠. 우리의 일상에까지 미쳐야 되고, 우리가 살고 있는 마을 곳곳에까지 뻗쳐야 한다고 저는 생각을 하거든요. 마을만들기는 중요한 풀뿌리 운동이며 풀뿌리 민주주의를 만드는 강력한 힘이라고 할 수 있겠죠.
그리고 마을은 제가 살아가는 곳이잖아요. 그곳에서 사람들과 즐겁게 지내고 아름다운 환경 속에서 건강하게 살고 싶잖아요. 그런 측면에서 보면 제 삶의 요구이기도 하죠.

— 마을만들기도 여러 가지 콘셉트가 있잖아요. 박 대표가 생각

하는 마을만들기의 콘셉트는 어떤 걸까요?

마을만들기는 두 가지 축으로 분류가 되는 것 같아요. 어느 정도 주거환경도 괜찮고 생활환경도 괜찮고 도로 편의시설도 그런대로 있는 경우에는 공동체를 만들어가는 것, 서로 고립되어 살아가는 게 아니라 이 마을에서 같이 아이도 키우고 같이 놀고 같이 나눠 먹고 이런 공동의 생활을 만들어가고 공동체를 키워나가는 것이겠고요.
엄마들이 같이 아이들 운동회도 만들고 또 아이들이 필요한 도서관도 만들고 보행로 안전을 위한 활동도 하고 좋은 먹거리 활동도 같이하게 해서 생협도 만들고 이런 일들을 했죠. 그리고 이런 것들이 우리 사회에 뭐랄까, 시장도 아니고 국가도 아닌 제3의 섹터를 만들어내는 그런 역할들을 많이 했죠. 공동체 민주주의의 거점이 되는 공간과 활동을 만들어내는 일은 앞으로 계속되어야 한다고 생각해요.

— 그리고 또 한 가지는요.

또 하나는 산복도로 르네상스나 행복마을 만들기를 하는 지역처럼 주거환경이나 생활환경이 굉장히 안 좋은 곳에서는 주거환경, 생활환경 개선사업이 공동체를 만드는 일과 동반돼야 한다고 생각합니다. 예를 들면 마을에 멋진 벽화를 그려서 전국 각지 사람들이 그 마을의 벽화를 보러 와 유명한 관광지가 되는, 성공한 마을만들기 사례로 얘기가 되고 있는 곳들이 많잖아요.

— 감천문화마을이라든지…

그런 게 전국에 많죠. 그런데 몇 년이 지나니까 마을사람들이 벽화를 뜯어내고 거기다가 X표를 칠하는 마을이 생기잖아요. 그 마을을 멋진 벽화로 치장했지만 실제 마을주민들의 생활은 개선되지 않았던 거죠. 그 마을주민들의 벽화가 구경거리가 되면서 동시에 그 아름다운 벽화와 대조적인 70년대같이 낡은 마을 풍경, 굉장히 열악한 주거환경에 사는 사람들의 모습까지 볼거리가 된 거죠. 거기에 살고 있는 주민들의 입장에서 그게 싫은 거죠. 그런 가난을 전시하고 싶지 않다는 거죠. 내가 가난하게 사는 모습이 다른 사람들의 구경거리가 되고 싶지 않다는 것은 정말 당연한 요구거든요. 다른 사람에게 보여주는 관광이 중요한 게 아니라 거기에 살고 있는 사람들이 편리하고 또 아름답고, 내가 여기 이렇게 산다며 자부심을 느낄 수 있는 그런 마을만들기가 중심이 되어야 한다고 생각해요.

— 핵심은 주거문제의 개선이겠죠?

낡고 불편한 집들이 편리하고 깔끔하게 개선되어야 하고, 좁은 도로도 개선되어야 하죠. 낙후한 주거나 도로와 대조적으로 경치가 굉장히 아름다운 곳이 있잖아요.

— 영도의 흰여울마을 같은 곳.

네. 거기를 보면서 사람들은 두 가지 욕구를 동시에 가져요. 60~70년대의 모습, 낡았지만 과거 공동체에서 부대끼며 살아가던 모습과 정감을 떠올리게 하는 모습으로 〈변호인〉처럼 영화촬영지도 되고 많은 사람들이 추억여행을 오는 곳을 꿈꾸죠. 또 한편으로는 이렇게 아름다운 경치인데, 낡은 무허가 집들을 싹 걷어내고 산토리니의 사진처럼 멋진 집들로 꾸며서 더 멋진 풍경으로 만들고 싶은 욕구도 동시에 있잖아요.

— 두 가지 요구가 부딪힐 수도 있겠네요.

거기서 살고 있는 사람들은 어쨌든 그 지역에서 계속 살기를 바라죠. 지금까지 함께 살아왔던 사람들과 지금까지 살아왔던 지역에서요. 지금 이대로가 아니라 주거도 개선되고 주변 환경도 개선되기를 바라죠. 경관이 더 아름답게 된다면 좋지만, 지금 이대로의 경관도 잘 보존하면서.
살고 있는 사람들의 요구와 그 지역이 가야 하는 방향이 맞아떨어지면 가장 좋죠. 가난을 전시하는 형태는 그 지역 주민들에게도 좋지 않지만 그 지역이 속해 있는 시군구에도 좋지 않다고 봅니다. 우리 영도만 하더라도 너무 낡아서 구경거리가 되는 곳, 60~70년대를 발견할 수 있는 곳, 일제강점기의 낡은 주거형태가 그대로인 곳들이 있어요. 이런 것들이 일부 간직되는 건 좋지만 그 일대가 그것을 중심으로 낙후한 상태를 계속 유지하면 영도 전체가 낙후한 이미지에서 벗어나기 힘들죠. 해당 지역 주민들은 자신들의 요구를 담은 개발을 원하는데, 개발을 하려면 돈이 드는 거예요. 개발하는 데 필요한 돈이 나오려면 돈이 되는, 투자가치가 있는 것을 만들어야 하고, 그러면 거기에 살고 있던 가난한 사람들이 개발된 곳에 살기는 쉽지 않지요. 그래서 개발하면 쫓겨나게 되어 있어요. 지금까지 개발의 논리에 비춰 보면 그렇게 되는데, 이 지역에 사는 사람들은 그걸 원하지 않는단 말이죠.

— 해결방법이 있을까요?

뉴딜이라고 하잖아요. 도시재생 뉴딜. 새로운 딜이 있어야 해요. 낡은 딜은 이런 거잖아요. 어디를 개발하면 거기 원래 사는 주민들은 돈 조금 받고 싹 밀려나죠. 안 쫓겨나려고 싸우고, 돈 더 받으려고 싸우고 그러다 합의해서 딜하고 떠나는 것으로 끝나죠. 근데 지금은 이 지역에 살고 있던 주민들이 계속 살 수 있는 것을 보장받고자 하는 목소리가 높죠. 낡은 그대로 사는 게 아니라 좀 더 편리하고 깨끗한 주거환경에서 살기를 바라고, 아름다운 경관을 후손들도 보고 즐길 수 있기를 바랍니다. 이들의 요구가 딜에 포함되는 게 뉴딜이죠. 이들만 있는 게 아니라 무허가 건물주도 있고, 세입자들도 있어요. 지역이 더 살기 좋게 개발되는데 거기 살던 세입자들은 쫓겨난다면 불공평하죠. 이 세입자들도 살 수 있도록 딜에 포함시켜야 합니다.

— 돈이 많이 들 텐데, 가능할까요?

민자를 참여시켜야죠. 해당 지역의 특성을 살려서 가치를 높이는 개발을 하는 것이 중요하다고 봅니다. 그렇다면 투자가치가 더 높지 않겠습니까? 이분들과 지역에서 계속 살고 있던 분들이 딜을 해야죠. 도새재생뉴딜 지역에는 사람들이 살고 있지 않은 폐공가가 큰 걸림돌이 될 수도 있는데 이분들과도 합리적인 딜이 되도록 구청과 시청에서 도와야죠. 도시재생 뉴딜은 관련된 당사자 누구도 배제되지 않고, 어느 한쪽만 이익을 보거나 손해를 보는 것이 아니라 지역의 재생과 지속가능한 발전계획, 사업에 당사자로 참여해야 성공한다고 봅니다.

— 흰여울마을 공동체와 관련이 있나요?

요즘 주말이면 수천 명이 흰여울문화마을을 찾아오고 있습니다. 흰여울문화마을을 이렇게 만드는 데 영도구청도 기여를 했지만, 주민들의 노력이 더 컸습니다. 2012년부터 꾸준히 마을공동체를 만들기 위해 노력했고, 마을공동체를 중심으로 마을을 가꾸는 노력을 해왔죠. 주민들이 흰여울마을공동체를 만들고 영도문화원이 꾸준히 뒷받침해왔습니다. 저는 흰여울마을 공동체의 마을학교에서 3년 동안 교장을 했습니다. 주민역량 강화사업을 주로 했어요. 영도문화원의 요청으로 했는데, 제가 대표로 있던 영도희망21과 영도문화원이 2011년 겨울부터 꾸준히 협력사업을 해왔기 때문에 거기서 신뢰가 쌓였던 거죠. 저도 흰여울마을의 주민들이 바라는 대로 주거권도 보장되고 아름다운 경관도 보존되는 지역발전이 이뤄지기를 바라는데, 불하를 받지 못한 주민들도 많아서 이 문제들까지 풀어가려면 구청이 지속적인 관심을 갖고 힘이 되어줘야 할 것 같아요.

— 박 대표도 집 없는 무주택 기간이 제법 있었죠. 무주택자의 설움을 겪어봤을 거라 생각이 되는데…

제가 서울에서 여성연합 활동하면서 2005년부터 2007년까지 3년간은 집 없이 떠돌아다녔어요. 언니 집에 이틀 있다가 아는 사람 집에 하루 있고 이런 식이었죠. 지역출장도 많았으니까 한 3년을 그렇게 지낸 셈이죠. 두 번째 임기에는 반지하방을 구했는데 3년 동안 세 번을 옮겼어요. 여름에 홍수 나면 하수구에서 물이 올라오기도 하고요. 제 임기 마치도록 지하를 벗어나지 못했죠. 더 과거로 가면 1988년 결혼할 때 부엌 딸린 단칸방에서 시작하여 1994년 말에 아파트를 분양받아 들어갔어요. 7년 동안 아홉 번을 이사했어요. 주거상황이 참 불안했죠. 우리가 모은 돈에 부모님이 시골에서 논밭 판 돈을 보태서

빨리 집을 얻은 편에 속하죠. 저는 어릴 때부터 가족도 많은데 하천부지에 살아서 도시계획에 따라 불하받고 철거당하는 과정을 보기도 했죠. 결혼 후에는 시부모님에 아이 셋까지 대가족으로 살다 보니 집에 대한 생각을 많이 했어요. 여성들은 어른과 아이를 직접 돌보니까 잘하든 못하든 늘 묶어서 생각하잖아요. 그러니까 주거 안정이 제일 중요하죠. 한부모 미혼모들 돕는 일을 20년 넘게 했는데 아이들 데리고 누울 집만 있어도 얼마나 큰 힘이 되는지 몰라요. 혼자 사는 여성도 마찬가지죠. 여성들은 아무리 어려운 상황에 처해도 밖에서 노숙할 수는 없잖아요. 남자들은 노숙도 하는데.
주거안정은 여성들의 안전하고 안정된 삶을 위한 첫 번째 전제조건이에요. 그래서 여성운동에서도 주거문제 주택문제를 꼭 다뤄야 한다는 발언을 많이 했고, 시도도 좀 했죠. 주거문제를 중심으로 활동할 여성그룹이나 단체를 물색하기도 했고, 인큐베이팅을 하려고 풀뿌리여성대회에서 2년 연속 그룹 주제로 다뤄보기도 했어요.

— 저소득층이나 경제적 취약계층의 주거에 대한 영도구 차원의 지원방안 같은 게 있나요?

영도구에서는 더 많은 고민이 필요합니다. 영도의 청학동이나 봉래동, 신선동 이런 지역은 고지대에 도로도 좁고, 한 사람 간신히 다니는 골목도 많아요. 인구가 많을 때는 그런 곳에도 사람이 다 있었는데 인구가 많이 빠져나가고 보니까 그런 골목에는 사람이 없는 빈집이 굉장히 많은 거예요. 밤만 아니라 낮에도 위험합니다. 건물의 상태도 노후하고 불량하죠. 이렇기 때문에 전체적으로 주거개선 사업이 이루어질 필요가 있다고 생각해요.

주거개선이 이뤄지려면 도로를 내는 문제가 제일 시급하다고 합니다. 젊은이들은 월세를 살아도 차는 끌고 다녀야 한다고 하지 않습니까? 차가 들어갈 수 없는 골목에 있는 빈집들은 리모델링을 해봤자 사람들이 들어오지 않아요. 또한 차가 들어갈 수 있는 도로가 없는 곳은 신개축 허가도 나지 않습니다. 도로를 내고 주거를 리모델링한다면 영도는 경제적으로 여유가 없는 청년층, 젊은 부부들이 선호하는 주거지가 될 수도 있습니다. 도로를 내려면 큰돈이 필요한데 자립도가 낮은 영도구는 고민이 많죠. 하지만 찾으면 길이 있을 거라고 생각합니다. 또 한편으로는, 여기에 그래도 살고 계시는 분들을 보면 어르신들이 많잖아요. 어르신들이 좋은 집을 지으려 해도 들어갈 돈이 없고 또 한편으로는 다른 곳으로 이사를 가야 하면 그나마 연결되어 있는 네트워크가 깨지고 외롭게 살아야 하는 상황이 되잖아요. 그래서 그런 상황들을 잘 감안해서 주거 지원 방안이 만들어져야 되지 않겠나, 그렇게 생각합니다.

우리 동네 마실! 영도희망21

— 영도희망21에서 대표로 활동하셨다 했는데 영도희망21에서는 주로 어떤 일을 했나요?

우선 영도희망21을 만든 것을 이야기해드릴게요. 1990년대 중반에 부산여성회에서 지부를 만들고, 또 지역사업을 할 때는 이런 주제로 이런 사업을 해야 한다는 생각이 있었어요. 20여년의 경험을 하고 나니까, 주민단체를 만들 수 있는 특정한 주제도 없고, 어떤 전형적인 사업도 없어요. 반면 함께 모여서 해결하고 싶은 주민들의 요구는 굉장히 다양합니다. 또한 처음에 어떤 특정 요구를 가지고 모인 모임이라 해도 지속적으로 해나가면 지역주민들이 공통으로 생각하는 지역 문제를 해결하는 데까지 발전하는 경향이 많습니다.

제가 2000년대부터 풀뿌리운동을 주창하며 여성단체들 지원을 많이 했지만 저는 주로 당사자운동 영역에서 했어요. 마을주민 모임을 컨설팅하고 활동가나 주민리더 교육을 주로 했지 제가 직접 뛴 경험은 당시에는 없었어요. 저도 한 사람의 주민으로서 직접 마을주민 모임을 만들려고 하다 보니까 먼저 지역주민으로서 저의 요구부터 들여다보게 되더라고요.

— 지역주민으로서 박 대표의 요구라…

여성연합 대표를 마치고 각종 교육으로 생계와 활동을 동시에 보장해야 하는 제 처지에서 지역에서는 좀 가볍고 즐겁게 활동하고 싶었어요. 저의 요구를 살펴본 후 지인들부터 만나면서 이야기를 나눠보았죠. 문화예술 활동을 하고 싶어 하시는 분들이 많더라고요. 주민센터에서 한 5년 무용을 배우고 노래를 7년 배워서 무대에도 서고 싶고, 다른 사람들도 가르쳐주고 싶은데 그런 기회가 없다는 거죠. 무대에 서려면 많은 자격요건과 돈이 필요하잖아요. 그런 사람들이 꽤 있었어요. 한편에서는 어떻게 살고 싶냐 하니까 돈 많이 벌어서 경치 좋은 데로 여행 가고, 문화예술 즐기고, 자원봉사 하고 싶다는 사람이 많았죠. 나중에 돈 많이 버는 건 기약할 수 없다, 돈 많이 벌어도 늙어서 힘없으면 여행도 못 다니고 문화생활도 못하니까 우리가 이렇게 경치 좋은 곳에서 문화생활을 당겨서 하자고 했죠. 제가 이 두 그룹을 결합시켜서 음악살롱이라는 걸 만들었어요.

— 지금도 하고 있나요?

그거는 2012년부터 2015년까지 했어요. 한 1년은 아주 잘됐고 1년 정도는 그냥그냥 됐고 3년차 중반부터는 힘이 들어서, 문

닫을 때다 생각하고 접었죠. 아주 잘될 때는 월 2회도 했어요. 제가 사회도 많이 봤죠. 처음에 음악살롱이라고 이름을 붙였을 때는 같이 공연도 보고, 노래도 함께 부르며, 공연 내용이나 노래가사, 지역에서 살아가는 것을 주제로 대화모임이 이루어지기를 바랐어요. 그런데 대화모임이 안 되더라고요. 공연을 보여주고 공연을 보고 공연으로 가게 되더라고요. 적극적인 참여가 이루어지지 않는 거예요. 그 점이 좀 아쉬워요.

그 대신에 이런 게 있더라고요. 누군가가 공연을 하는데 그 사람이 아주 특별한 사람은 아니고 이웃집 사람인데 너무 멋져요. 나도 하고 싶어요. 나도 배우고 싶잖아요. 그래서 음악살롱에서 생겨난 요구를 가지고 우리가 문화예술 강습을 많이 했습니다. 회원들 재능기부로도 하고 부산문화재단과 부산시 마을만들기지원센터의 도움을 받아서도 했죠. 지금까지 계속되는 것은 매주 화요일 오전에 하는 민요교실이에요. 5년이 넘었지요. 우쿨렐레 연주단인 우쿨엔젤스는 2013년 가을에 시작했으니 올가을 되면 만 5년 되는 거죠. 우쿨엔젤스는 30대 초반에서 60대 중반까지 참여했는데 지금도 10명 정도가 꾸준하게 공연에 참여해요. 매주 월요일 오전에 모여서 연습하고요.

— 계속 유지되고 있네요. 청소년 뮤지컬 팀이 활발하다면서요.

네. 청소년 뮤지컬 팀 다ONE도 5년차인데 결성된 지 만 3년이 넘었어요. 어른뿐만 아니라 청소년들도 문화예술 활동을 접하게 해줘야 한다는 요구가 있어 꿈다락 사업으로 뮤지컬 수업을 했어요. 사람들 얘기가 영도는 좀 약간 높은 수준의 문화활동이 필요하다고 해서요. 우리 회원들 자녀는 거의 참여 안 하고, 진짜 그거 하고 싶어 하는 영도의 청소년들이 왔어요. 지원사업이 끝나고 민요교실이나 우쿨렐레처럼 강사님이 계속 지도를 해줬으면 했는데 강사님이 몸이 안 좋아서 안 된다 했어요. 할 수 없다고 생각했는데 꿈다락에 참가한 청소년 둘이 영도희망21에서 도와주면 계속 하고 싶다고 해요. 청소년들이 단원도 모으고, 극작도 하고, 연습시켜서 공연 올리는 것까지 다 하는 뮤지컬 팀을 만들자고 하는 거죠. 꿈다락 뮤지컬 수업을 도왔던 청년이 결합하고, 청소년들 해서 4명이 시작했습니다. 올해 1월까지 정기공연을 다섯 번 했습니다. 어떤 해는 정기공연을 두 번이나 했어요. 올해는 1월에 민주공원 중강당에서 정기공연을 했는데 한 번 더 할 예정이라네요. 2017년부터 청년은 빠지고 그때 고등학교 2학년인 친구들이 다 운영하고 있어요. 10대 후반과 20대 초반의 청(소)년들이 운영하는 젊은 뮤지컬 팀이죠. 그런 게 보람이죠.
영도희망21에서 마을카페도 인큐베이팅 했어요.

— 흰여울마을에 있는 마을카페인가요?

동삼동에 있어요. 영도희망21에서 인큐베이팅한 동삼희망주식회사가 운영하는 마을카페. 우리는 동삼희망주식회사를 인큐베이팅한 거죠.

— 그래서 이 마을기업이 잘 유지되고 있나요, 아직도?

유지되고 있습니다. 보통 마을기업이 만들어져서 2~3년 지원을 받고, 지원이 끝나면 운영이 안 되어 무너지는 경우가 많지요. 근데 마을카페는 1년만 지원받았는데 올 여름이면 만 5년이 됩니다. 영도희망21에서 회원사업으로 마을카페를 열어서 회원들 자원봉사로 운영했어요. 처음에는 잘되었는데 한 달도 안 가서 약속한 시간을 못 지키더라고요. 어린아이들 엄마가 많아서 돌발적인 일들이 많이 생기니까. 어렵게 어렵게 하는 중에 마을기업지원에 대한 정보를 얻게 되어, 동삼희망주식회사를 설립하여 분리시켰어요. 동삼희망주식회사가 마을카페 사업을 내서 마을기업으로 선정되었고요. 정부지원을 1년 받았는데, 마을카페형은 전망이 안 좋다고 더 이상 지원하지 않았어요. 기간으로만 보면 6개월간 지원받았네요. 그런데 마을기업 선정을 위해 올린 사업들을 마구 하다 보니 마을카페가 참 소중한 공간이란 것을 발견했어요. 아늑한 담소의 자리일 뿐 아니라, 우쿨렐레와 공예도 배우고, 음악살롱과 민요교실도 열고, 한뼘가게라고 주민들이 만든 수공예품을 판매하는 코너도 운영하고, 수공예 벼룩시장도 열고요.

— 프로그램을 운영한 건가요?

마을카페가 주도적으로 프로그램을 운영한 게 아니고. 프로그램을 하고 싶은 회원이나 주민이 와서 카페 매니저랑 얘기하고 공간을 사용해서 프로그램을 운영할 시간을 주는 거죠. 또 카페에 물건을 전시할 공간에 양초를 만들어서 갖다놓으면 카페는 팔아주고. 공예 쪽 사람들이 물건을 파는 걸로 오고, 강습 쪽으로도 오고, 일반 주민들은 쉽게 접하지 못했던 것을 배울 수 있는 공간이 되니까 사람들이 좋아했죠.

— 아기자기한 스토리가 있는?

좋은 프로그램을 값싸게 배울 수 있으니까 좋아했죠. 여기 오는 분들이 모두 우리 동네 사람이잖아요. 얼굴만 알고 있던 사람, 전혀 모르는 사람들이 여기서 보면서 알게 되죠. 우리 동네에서 친한 사람들이 한 명, 두 명 늘어나는 거잖아요. 오시는 분들이 이런 말을 많이 했어요. 어머. 영도에 이런 곳이 있네. 영도도 이제 살기 좋아졌다. 그 말 듣고 우리가 이런 일을 참 잘했다는 생각도 했지만 좀 가슴이 아팠어요. 이런 정도의 것을 가지고 우리 영도도 참 좋아졌네, 그렇게 얘기를 하니까. 사실 우리 영도에는 여성인력개발센터도 없고 육아종합지원센터도 없거든요. 젊은 여성들, 아기 엄마나 초중고 엄마들이 할 수 있는 게 참 없어요. 땅이 없다, 건물이 없다 하니까. 배달강좌가 있지만 그것과는 다르죠. 배달강좌를 하는 모임에 장소도 많이 빌려줬어요. 마을카페에서 아기자기한 활동들이 많이 벌어지니까 영도희망21 회원들이 이 공간이 너무 소중하다 생각을 했고, 우리 단체 공간을 따로 마련할 필요 없이 모임 할 때 카페에서 하고 우리 사무실에 낼 임대료를 카페에 지원하자고 했어요. 그래서 정부 지원 없이도 오래 유지될 수 있었죠.

— 그곳이 좀 넓은가요?

25평 정도 됩니다. 주방하고 화장실 다 합해서. 그러니까 그렇게 좁은 공간에서도 다양한 일을 할 수 있는 거예요.

— 이야기하고 싶었던 만나는 사람들의 이야기들이 많이 나온 거죠?

네. 청소년 뮤지컬 팀이 만 3년이 지났으니 고등학생이던 친구들이 많이 컸죠. 초창기 팀이 대학 3학년이네요. 뮤지컬 전공으로 간 친구도 있고 대학을 진학하지 않은 친구도 있어요. 대학 가지 않은 친구들도 알바 하면서 뮤지컬 공부를 계속하고 있어요. 노래와 춤을 배우고, 알바 하고 또 친구들과 고등학생 동생들과 공연도 만들고요. 매일매일 모여서 연습하는데, 이제 영도희망21에서는 주로 무료로 장소를 빌려주는 역할을 하죠. 마을의 체육관, 복지관, 어울림 강의실에서 청소년들이 자기 하고 싶은 걸 열성을 다해서 하는 걸 보면서 감동했어요. 지금은 저뿐만 아니라 주변의 많은 어른들이 감동을 해서 어쩌든지 청소년 · 청년들을 도와줘야 한다, 그런 마음이 진짜 많이 올라와 있거든요. 그것도 굉장한 보람이지요.

한 아이를 키우기 위해서는 온 마을이 필요하다

— 교육문제 얘기 좀 하실래요? 세 자녀의 어머니시잖아요. 그리고 교육은 우리 모두의 고민이기도 하고. 그래서 교육문제에도 상당한 관심을 가진 걸로 알고 있습니다. 주로 어떤 활동을 했습니까?

우리 아이들이 어릴 때는 지역사회 탁아소에 보냈는데 그때 영유아보육법이 통과가 돼요. 그래서 어린이집 지역사회 탁아소에 아이를 보내는 자모로서 영유아보육법 개정활동에 동참하기도 했죠. 그리고 여성노동자회에 탁아분과가 활동을 했죠. 지역사회의 민간 탁아소죠. 그걸 운영을 했고요. 그분들이 나중에 부산보육교사회로 발전해 나갔고요. 그렇게 밀어주면서 보육문제, 보육교사들 문제를 처음부터 같이 고민하게 됐죠.

— 아이가 초등학교에 가고부터는 학교운영위에 관심을 갖고요?

학교마다 학교운영위원회라는 것이 생겼어요. 처음에는 사람들이 학교운영위원회를 기성회, 육성회 이런 것처럼 생각해서 학교운영위원이 되면 돈을 많이 풀어야 한다고 생각하고 그러기도 했지요. 차별성을 못 느끼는 거죠. 학교운영위원으로 참여하기도 했어요. 우리 애가 중학교 갔을 때.

— 지역아동센터도 관심을 가지셨지요?

지역아동센터는 아동상담소가 시발점이 되었어요. 아동상담소를 만들어서 가족문제에 대한 여러 가지 어려움들을 해결하기 위해서 활동하다 보니까 우리 회원들이나 회원들 주변에 저녁 또는 파트타임으로 일하시는 분들의 초등학생 자녀가 방치되는 경우가 많았어요. 그렇게 방치되는 문제 때문에 고민을 하게 됐죠. 애들은 부모들이 못 보살펴주면 그만큼 문제가 발생하잖아요. 그래서 애들을 보호하는 일이 필요한 거예요. 지역아동센터가 생겨나는 때어서 지역아동센터를 만들었어요.

— 지금은 지원이 있지만 그때는 힘들었을 텐데요.

그때는 지역아동센터에 대한 지원이 없을 때였거든요. 애들이 학교 마치고 나면 그 공간이 비니까 지역아동센터를 방과 후에 학교에서 하면 좋겠다고 생각을 하게 됐어요. 엄마들한테 물어보니까 너무 괜찮다, 학교라면 더 좋지, 이렇게 됐어요. 고용노동부에 이 사업을 사회적 일자리로 신청을 했어요. 학교에서 아이들을 방과 후에 돌보고 숙제도 봐주고 그런 일들을 하겠다는 사람들이 많이 왔어요. 그분들 보면 대부분이 대졸이고 충분히 아이들을 가르칠 수 있는 분들이었어요. 그분들을 배치를 원하는 학교에 파견을 했어요. 2002년과 2003년에 그 사업을 했어요. 하고 보니까 사회적일자리 사업이 2년 이상 정규직 전환 규정으로 안 된다는 거예요.

— 그렇죠. 정규직화시키지 않으면 다 잘라야 하는.

다 잘려야 하는 그런 상황이 왔어요. 그런데 참가하시는 분들 중에는 다수가 경제적으로 어려운 상태에 처해 있던 사람인 거예요. 이 일자리가 너무 소중한 거죠. 경제적으로도 소중했고 또 한편으로는 아이들을 가르치는 교사로서 활동한다는 것이 다른 일자리보다 자긍심도 있고 여러 가지로 좋았던 거예요. 이 일자리를 계속했으면 좋겠다고 이야기를 많이 하시더라고요.
교육청에 제안을 했죠. 교육청이 이 사업을 맡아라, 이 사업은 교육청이 해야 하는 사업이다. 교육위원, 장학사하고도 의논을 해서 그 사업을 교육청에서 받게 되었어요. 대신에 학교장이 채용해서 자를 수도 있게 되면서 안정성이 보장돼야 한다고 해서 2005년에 부산초등보육교사연합회가 만들어졌죠. 이분들이 활동을 하고 계시고, 지금은 무기계약직이 됐습니다.

— 언제 됐죠?

최근에 됐습니다.

— 어쨌든 간에 무기계약직으로 전환이 된 거잖아요. 안 잘려도 되고. 숫자로 보면 부산에서 어느 정도 됩니까?

거의 학교에 한두 명은 있죠. 이 선생님들하고 대통령 선거 때 간담회도 했는데 무기계약직이긴 한데 관련 법안이 없대요. 법안을 만들어서 방과후나 초등보육교사로 인정받는 것이 필요한 상황이죠. 덴마크나 핀란드, 스위스에서는 이 영역이 5대 보육교육 영역에 하나로 잡혀 있거든요. 그런데 지금 우리는 해도 되고 안 해도 되는 사업처럼 되어 있기 때문에 그런 개선은 필요하다고요. 부산초등보육교사연합회 선생님들하고는 굉장히 끈끈하죠. 2006년에는 한국여성단체연합에서 지역여성운동센터가 중심이 돼서 부스러기선교회랑 지역아동센터, 학교 방과후 이렇게 힘 모아서 아동의 보호와 교육을 위한 기본법을 추진하기도 했어요. 지금은 여성가족부, 국가청소년위원회, 보건복지부, 교육부가 초중고 방과후 관련 사업을 분산 관리하고 있거든요. 앞으로의 숙제죠.

— 그리고 전국교육희망네트워크, 학부모연대, 마을교육공동

체… 구체적 활동내용은 뭡니까?

2010년에 지방선거가 있었잖아요. 교육감 직선이었습니다. 2009년부터 교육감을 제대로 뽑자, 그래서 우리 아이들이 행복하려면 학교가 달라져야 하고 그러려면 교장선생님이 바뀌어야 하고 교육감이 바뀌어야 한다, 이런 공감대가 생겼어요. 그런데 교장선생님 바꾸는 건 어렵잖아요. 교육감을 바꾸면 교육청에서 내려가는 여러 가지 지침으로 인해 선생님들이 행정적으로 시달리는 상황이 달라지고, 교육감이 어떤 방향을 설정하느냐에 따라 교사들, 교장선생님, 장학사들의 방향성이 주어지잖아요. 교육감 바꾸는 게 굉장히 중요하다고 보고 교육감을 바꾸기 위해서 뜻있는 사람들이 모였죠. 그게 아마 전국 각지에서 다 모였을 거예요.

— 이게 전국교육희망네트워크.

네. 교육제도와 정책도 바꿔야 하지만 풀뿌리에서 교육에 대한 생각을 바꾸고 교육에 대한 책임을 지고 작은 것부터 실천하는 교육활동이 중요하다고 강조했습니다. 교육은 몽땅 다 학교가 책임지고 부모는 관심 끄라고 하든지, 학교에만 교육을 맡기고 모든 게 다 선생님 탓이다, 이런 식으로 가면 안 된다고 생각했죠. 학생과 부모와 교사와 지역주민들이 함께 협력하고 교육을 만들어가야 한다, 학교교육만이 아니라 가정교육, 지역

사회교육이 함께 어우러져야 아이들이 다 같이 행복하게 살 수 있는 교육환경과 내용이 되지 않겠느냐고 많이 이야기했죠.

— 풀뿌리 단체로 학부모연대가 시작을 한 건가요?

학부모연대는 그런 노력 중의 하나로, 부산에서 풀뿌리운동하는 엄마들이 만든 겁니다. 교육을 변화시키는 활동에 일반 학부모들이 많이 동참하는데 주로 학부모들은 문제를 제기하고 학교나 교육청은 방어하는 경우가 많죠. 요구가 크게 부딪혀 오랫동안 갈등하고 싸우기도 하고요. 이런 과정을 통해서 학부모들이 지쳐서 손을 놓고 소수의 학부모들만 힘겹게 활동을 이어가는 경우를 많이 보았습니다.

다른 방식으로 해보자, 부모들이 갖고 있는 교육에 대한 요구를 무조건 정부와 학교에만 말하지 말고 스스로 할 수 있는 것은 지역사회에서 힘을 모아 스스로 하면서 성취감도 맛보고 역량도 키워가자. 그런 활동을 바탕으로 해서 끈질기게 학교의 변화 또 교육청의 변화, 교육정책의 변화를 요구해야 지치지 않고 지속적으로 할 수 있다. 그렇게 되면 좋겠다고 마을에서 풀뿌리 활동을 하면서 아이들을 키우고 있는 분들과 얘기를 했죠.

마을에서는 엄마들이 풀뿌리운동의 주역인데, 그 엄마들의 관심이 뭐겠어요. 아이들 잘 키우고, 행복하게 살고 싶고, 그런 거잖아요. 그럼 교육문제가 나올 수밖에 없는 거예요. 그런 기반들이 있었기 때문에 제가 제안을 했죠. 제안은 누구나 할 수 있는데 그것을 실현시킨 사람들이 훌륭하죠. 저는 초기에 워크숍만 한두 차례 하고 직접 참여하지는 못했어요.

— 그래서 탄생한 게 학부모연대군요. 이게 전국적인 조직인가요?

저는 부산에만 있는 것으로 알고 있습니다. 전국교육희망네트워크가 전국조직이죠. 전국교육희망네트워크 아래는 광역단위, 기초단위의 교육희망네트워크가 있습니다. 지역에 따라서 풀뿌리 교육운동이 활발한 지역이 있고 그냥 좀 상층부에서 정책대응만 하는 데도 있습니다. 그런 다양한 움직임을 다 포함한 곳이 전국교육희망네트워크입니다.

— 마을교육공동체는 뭡니까?

마을교육공동체는 교육청이 먼저 제안을 했습니다. 지역의 주민들, 주민단체들이 학교와 함께 아이들이 행복한 교육을 만들어가자는 취지죠. 학교가 소속해 있는 마을의 주민들과 학부모들, 학교가 같이 아이들의 교육을 고민하고 실천하는 교육공동체를 이루자는 겁니다. 마을교육공동체를 부산에서 시범적으로 한다면 어디가 좋겠는가? 이렇게 물색하고 다녔는데 만덕하고 영도가 좋은 곳이라고 선정된 거죠. 영도는 영도문화원과 영도희망21을 중심으로 교육에 관심 있는 단체들 간에 연대가 잘되고, 또 관심 있는 교장선생님도 있는 등 여건이 좋다 했어요. 영도지역 마을교육공동체가 구체적인 모습을 갖추면서 개인 참여로 바뀌어 저는 참여는 안 하고 있지만, 초기에는 영도희망21이 단체로 참여하여 힘을 좀 보탰습니다.

— 영도희망21이 아이들 교육문제에 관심이 많았죠?

주민들 대다수가 아이들 교육에 관심이 많죠. 영도희망21은 주민단체니까, 회원인 주민들의 요구가 높은 것은 능력만 되면 언제든지 사업을 할 수 있는 유연한 조직입니다. 2015년에는 그간의 경험들을 종합하여 마을학교사업을 했어요. 청소년들이 행복한 교육을 통해 온 세상을 봄처럼 따사롭게 만들자는 의미로 누리봄 마을학교를 운영, 청소년 10개 프로그램, 성인 5개 프로그램, 마을밥상을 진행했습니다. 바리스타, 제빵제과, 홈패션, 화장하기, 요리교실, 방송댄스, 오카리나, 영어노래, 뮤지컬, 수공예, 완경학교 등 일주일에 16개 프로그램 32시간 수업을 진행한 거죠. 제가 교장을 했고 우리 회원이 행정을 맡았는데 이분이 정말 고생을 많이 했죠. 강사들도 재능기부를 하셨고요. 우리는 뭘 하면 후속 활동을 통해 지속적인 사업으로 만드는데 이 사업도 그렇게 하지 못한 사업 중의 하나입니다. 지쳐서 후속 활동을 할 엄두가 안 났죠.
2017년에는 기존 팀은 빠지고 새로운 팀이 마을학교사업을 했습니다. 청소년만 하고 5개 프로그램만 실시했어요. 아이들의 직업체험을 돕는 것을 목표로 해서 바리스타, 제빵제과, 캘리, 팝아트 등을 열었습니다. 바리스타와 캘리, 제빵제과와 팝아트를 결합해서 일일카페와 캘리전시회, 일일빵집과 팝아트전시회를 했는데 참 멋지더군요. 중고생 열댓 명이 선생님과 함께 움직이는 것을 보니 참 흐뭇했어요. 바리스타반은 자격증을 딸 때까지 계속한답니다. 이번 겨울 방학에도 마을학교 프로그램이 이어지는 것을 보니 정착이 되어가는 것 같았습니다. 후배가 선배보다 나은 것 같아요. 하하하.

노무현과 사람 사는 세상

— 노무현 전 대통령에 대한 기억이 어떠신지?

제가 사실은 노무현 전 대통령하고 항상 비켜 갔어요. 제가 1988년에 부산에 왔을 때는 노무현 전 대통령이 국회의원에 당선돼서 의원활동을 하실 때였죠. 1987년 6월항쟁 전까지 시민사회에서 활동하실 때는 저는 서울에서 있었으니까요. 우리는 1992년 국회의원 선거, 1995년 부산시장 선거를 많이 도왔어요. 그때만 해도 선거운동에 익숙할 때가 아니었으니까, 노무현 후보 선거캠프에 가서 홍보물 받아다가 우리끼리 선거운동을 한 거죠. 노무현 후보가 너무 훌륭한 사람이니까 도와야 된다는 생각만 갖고 우리끼리 돌아다니면서요. 선거를 하다 보면 후보나 캠프도 모르는 열성 운동원들이 곳곳에서 뛰고 있는 그런 경우가 많잖아요. 그런 셈인 거죠. 1992년 선거에 동구 노무현 후보, 연제 박순보 후보 이렇게 두 군데를 도왔거든요. 1995년에는 부산시장 선거였으니까 많이 도왔어요. 여러 군데에서. 사하구도 돕고 부산진구도 돕고. 6개 정도 구에서 도왔는데 제일 활발하게 도운 데가 사하죠. 부산여성회 사하지부 출발은 노무현 부산시장 후보 선거 자원봉사자들로 구성된 초동모임이었어요.

— 1995년 부산시장 선거가 인연이 컸군요.

그런 셈이죠. 그러다가 1998년에 처음으로 노무현 전 대통령을 만났어요. 1995년에 이어 1998년 지방자치선거에도 여성참여확대 캠페인을 했거든요. 각 당 시지부에도 찾아갔죠. 여성들의 정책적 요구도 얘기하고 여성들을 비례대표로 해 달라, 그런 요청을 했죠. 그때 노무현 전 대통령이 민주당 부산시당위원장이었어요. 동구에 있는 사무실에서 여협 대표님과 함께 찾아가서 얘기를 했습니다. 당시로서는 부산 시의원 중에 비례한 명이 민주당의 유일한 몫인 상황이었죠. 대통령께서는 아마 우리를 말도 안 되는 요구를 하러 온 골치 아픈 사람들로 봤을 거예요. 그리고 저도 대통령께서 곤혹스러워 한다는 느낌만 받았죠. 첫 정식 만남이 그랬죠.

— 여연 대표로 활동할 때 대통령에 대한 기억은 없었나요?

여연 대표로 있을 때 일 때문에 두 번 정도 청와대에서 뵌 일이 있지요. 그때 사학법 개정이 쟁점이 되기 전이었는데, 교육개혁이 화두가 되었죠. 공립학교는 교육부의 정책이 바뀌고 교육주체들의 노력으로 변화가 오는데, 사립학교는 재단의 변화가 없으면 정말 안 된다더라, 사학을 운영하는 사람들이 지역사회에서 큰 영향력을 가지는 유지들인데 그런 분들이 비상식적으로 학교를 운영한다는 것은 사회에 부정적인 영향이 너무 크다, 사학법을 하루빨리 개정해서 학생들, 부모들, 교사들이 행복한 학교를 만들어야 한다, 등등의 얘기를 많이 했는데 대통령께서 그러시더라고요. 여기는 너무 힘들다. 힘을 많이 키워서 해야 한다. 나중에 한나라당이 사학법 개정을 반대하느라 장외투쟁까지 벌이면서 법 개정을 엉망으로 만드는 것을 보고 힘들다고 했던 대통령님의 말씀이 많이 생각났습니다.
대통령 퇴임하시고 봉하 가셨을 때, 나도 여연 마치고 부산 가면 많이 배우고 함께 활동해야겠다고 생각했는데, 돌아가신 거죠. 우리나라 차원에서도 너무너무 안타깝고 슬펐지만 제 개인적으로도 크게 낙담했습니다.

— 지난해 1월 노무현재단 부산지역위원회 공동대표를 맡으셨는데 이렇게 참여를 하게 된 계기가 있었나요? 이유가 뭡니까?

제가 직접 참여하기 전까지는 노무현재단에 이렇게 많은 회원들이 풀뿌리로 바탕이 되어 막 움직이고 그런 걸 잘 몰랐거든요. 아 정말 나하고 같은 뜻으로 여러 영역에서 이렇게 활동을 많이 하고 있구나, 이런 생각이 들었죠. 우리 문재인 대통령이나 노무현재단에서 열심히 일을 많이 하시는 분들이 참 훌륭한데, 그런 분하고 같이 일을 해야 되겠다는 생각은 했어요. 그래서 노무현재단에 들어오면 어떻겠느냐 권유를 받았을 때 참여를 했고, 2017년에 공동대표가 된 거죠. 제가 부산지역 여성운동에서 해낸 일들이 있었기 때문에 그런 부분에서 공동대표로서 역할을 좀 해 달라, 그런 의미로 받아들였죠.

— 이제 정치에 나섰는데요. 한때 여성문제나 노동문제에 관심을 가진 사람은 많았지만 평생의 업으로 삼고 변함없이 그 길을 걸어온 사람들은 사실 그렇게 많지 않단 말이죠? 특히 결혼하고 아이를 셋이나 키우고 그러면서 그 길을 계속 개척해온 경우는 굉장히 드문데, 지금까지 자신을 이끌어온 가장 큰 동력이랄까, 그것도 뭐 살면서 여러 경험 속에서 조금씩 동력 자체가 달라질 수도 있고 그럴 것 같긴 한데요, 무엇인 것 같으세요?

두 가지인데, 하나는 제가 하는 일이 주로 어려운 사람들을 만나는 건데요. 어떤 사람들을 만나다 보면 그것이 새로운 만남으로 계속 이어지게 되더라는 거죠. 노동운동을 했어요. 그런데 그 노동운동을 하려고 간 사업장에 여성노동자들이 대부분이죠. 여성노동자들의 삶을 함께하게 되죠. 여성노동에서도 기혼여성 노동자들을 만나게 되고, 그 기혼여성노동자들 속에 한부모 여성노동자가 있어 만나게 되잖아요. 한부모들을 만나다 미혼모를 만나게 되고. 이렇게 만나고 그들이 살아온 삶과 현재의 고민과 바람을 듣다 보면, 이런 점을 해결하면 되겠다 싶은 부분이 있죠. 말로 해서 도움이 되면 컨설팅이고, 직접 함께

하기도 하고. 이 부분이 약하니까 내가 여기다가 힘을 실어줘야겠다 이렇게 이어져온 거죠. 제가 만나는 현실에 이런 어려움이 있는데 제가 눈감을 수 없잖아요. 현실에서 사람들이 겪는 어려움이 저를 이렇게 끌고 왔다고 봐야 할 것 같아요.

— 그다음에 또 한 가지는요?

두 번째로 제가 변호사를 하거나 교수를 했어도 의뢰인이나 연구대상자로 어려운 분들을 만났을 거잖아요. 그런데 제가 첫 걸음을 그냥 노동자로, 내 몸으로 벌어먹고 사는 길로 갔죠. 제가 기혼여성노동자이다 보니 월급이 적죠. 노동자 평균임금보다 적은 소득을 가지고 그 많은 식구들이 먹고살다 보니까 제 생활이 힘들었죠. 당연히 힘든 사람들의 처지가 너무 공감이 잘 되고, 이 문제를 같이 극복하는 게 너무 당연한 문제가 되는 거죠.

— 하여간 그런 게 정말로 회의가 온 적은 없으세요? 아이가 없을 때는 또 모르겠는데 아이를 키우면서 생활이 곤궁하면 사람이 이래저래 좀 위축되거나 지칠 때가 있잖아요.

제가 조직사업을 많이 했잖아요. 한부모들을 묶어서 한부모들이 자기주장을 하게 하고 자기 요구를 하게 하고 본인들이 자기 힘을 느끼게 하고 힘주기를 주로 한 거죠. 여성들을 묶어서 여성들 모임을 만들고 여성들 인식을 높이고 이렇게 해서 힘주기를 한 거예요. 여성들에게 힘을 주고 스스로가 내 삶의 목표가 달라졌다, 여성회를 만나고 내 인생이 이렇게 달라졌다, 경제적으로는 달라진 게 없어도 훨씬 더 힘이 있고 행복하다고 느낀다, 예를 들면 이런 활동들을 주로 했잖아요.

— 풀뿌리 주민운동도 그렇고요.

네, 풀뿌리운동도 그렇죠. 여성들이 무기력하게 살았는데 마을도서관을 하면서 내 힘이 커진다, 연대감도 커지고 이런 활동을 주로 한 거잖아요. 지금 미혼모 엄마들을 보면 옛날에 봤던 미혼모 엄마들하고 다르단 말이에요. 그 엄마들이 정말 하나는 억울하다는 것이었고 하나는 걱정된다는 것이었거든요. 정말 당당해지고 자기 힘을 느끼고 있고 사회 문제에 더 많은 관심을 갖고 미혼모 문제뿐만 아니라 연관된 문제에도 관심을 가져야 한다고, 이렇게 성장을 하잖아요?

— 그 속에서 자신의 즐거움도 찾는다는 말씀인 거죠?

그런 일들을 많이 했기 때문에 사람들이 성장하는 걸 보면서 재미를 느끼는 거죠. 재미가 없으면, 만나면 힘들고 괴롭기만 하면 두 번 볼 거 한 번 보고, 빠뜨리고 이렇게 되죠. 2009년과 2010년에는 여성연합 대표 일을 하면서 지역여성단체 지원에 한부모, 미혼모를 돕다 보니 한 달에 한 번 정도 집에 내려 갔어요. 일의 필요성 때문이기도 했지만 제가 힘들고 괴로우면 그랬겠습니까? 몸도 힘들고 집도 걱정되었지만 변화를 보면서 즐거웠기 때문에 할 수 있었죠.

그나저나 그때 우리 아이들한테 엄청 지탄을 받긴 받았죠. 다른 것은 후회가 없는데 우리 아이들을 어릴 때 잘 돌보지 못한 것이 제일 마음에 남죠. 되돌릴 수 없는 시간인데 아이들에게 사랑을 듬뿍 주지 못한 것이 너무 미안하죠.

새로운 대한민국의 시작

— 지난겨울 촛불은 대한민국을 바꾼 변곡점이기도 했지만 박 대표에게도 또 하나의 변곡점이 되었다면서요.

맞아요. 이번 촛불이 저에게도 참 컸죠. 이명박 정부 때부터 참 힘들었어요. 그런데 2012년에 변화의 노력이 좌절되니까 더 견디기 힘들어졌죠. 우리 자녀 세대들이 헬조선이라며 원망하고 좌절하는 게 참 힘들었어요. 도대체 기성세대가 한 게 뭐냐. 당신들은 데모 그렇게 많이 해도 척척 취직될 때 한 거 아니냐? 그리고 당신들이 바꿔놓았다는 게 뭐냐. 도대체 뭘 바꿔놓았냐. 그때보다 더 살기 어렵지 않냐. 그렇게 얘기할 때 참 가슴이 아팠어요.

우리는 30여 년의 흐름 속에서 이 어려운 시기가 지나고 이 시기를 극복하면 더 좋은 시기를 만들 수 있다는 믿음이 있죠. 젊은이들은 그런 경험을 못했기 때문에 굉장히 절망적인 분위기였죠. 미안하고 가슴 아팠는데 그런 속에서 촛불이 일어나고, 이제까지 보지 못한 거대한 힘이 대규모로 확 일어났죠. 좌절한 줄 알았던 젊은이들, 정말 중학생 · 초등학생까지도 일어나는 모습들을 보면서 역사는 희망이 있구나, 사람들은 가장 밑바닥까지 간 순간에도 우리가 새롭게 나갈 수 있는 그런 거대한 힘들을 응집하고 있구나, 그런 생각이 들면서 앞으로 남은 삶에 있어서도 흔들리지 않고 더 많은 사람들과 함께 우리 사회의 긍정적인 변화를 위해서 살아가야겠다는 생각을 했어요.

— 촛불과 현실 정치, 연결고리가 뭘까요?

정말 많은 주권자들이 내가 나라의 주인이고 이 사회의 주인이라는 걸 선포한 거죠. 국정운영에서 주인인 주권자들의 뜻을 말한 거잖아요. 주권자의 뜻을 실천하지 않는 대통령은 그만두라 하고. 주권자들의 뜻이 우리나라 전체와 사회 구석구석에서 실현이 되어야 하고, 특별한 시기가 아니라 일상적으로 실현되어야 하죠. 일상의 정치와 행정에서 주권자들의 뜻이 실현되고 주권자들의 실천이 보장되는 방향으로 가야 하죠. 그렇게 되려면 제도만 바뀌면 안 되고 사람도 바뀌어야 하죠.

— 작년에 대통령 선거 때 부산 선대위 상임공동위원장을 맡으셨더라고요. 선거캠프에는 어떻게 참여하게 됐나요?

2012년에 문 대통령 당선 안 됐잖아요. 그때는 정말 대통령이 당선되면 좋겠다 생각을 했거든요. 그런데 특별한 활동을 못했어요. 아 너무 아쉽고 그랬는데, 박근혜 정부 시대를 살면서 너무 암담했죠. 2012년에 문 대통령이 당선되지 못한 것이 해가 갈수록 더 안타까웠어요. 그래서 다음 2017년 대선에는 무조건 결합해서 돕는다, 이렇게 생각을 했지요.

그러다가 촛불이 일어나고 국정농단 밝혀지고 박근혜 탄핵되고 문재인 대통령이 거의 당선되는 분위기니까 제가 굳이 참여 안 해도 된다고 생각하고 저는 제가 하던 일을 열심히 하고 있었어요. 각 당 후보들에게 한부모가족 관련 정책 공약 제안 준비도 했어요. 그런데 문재인 후보 캠프에서 선거는 뚜껑을 열어봐야 안다, 한 사람이라도 힘을 더 합쳐야 한다, 선거 이후에도 공약을 실현해나가려면 많은 인재가 필요하다, 대한민국을 바꿀 기회는 여러 번 오지 않는다, 우리가 딱 할 수 있을 때 확실하게 하는 게 중요하다, 거기에 같이 힘 보태면 좋겠다는 제안을 했어요. 그래서 결심을 한 거죠. 이번에는 나중에 후회하지 말고 함께 힘을 모아서 할 수 있을 때 해야겠다. 그렇게 참여하게 됐습니다. 부산선대위에서 굉장히 열심히 활동했습니다. 특히 문재인 대통령께서 직접 상임공동선대위원장으로 세워줬기 때문에 더 많은 역할을 할 수 있었죠.

— 박 대표 블로그를 보니 '우리가 가면 길이 됩니다' 그런 글귀가 있더라고요. 어떤 의미인지.

우리가 가면 길이 됩니다. 브라질의 파울로 프레이리 그분이 얘기를 했죠. 그 말이 가슴에 와닿더라고요. 아무런 희망이 안 보이고 길이 없다고 생각할 때 그래도 길을 만들어야 할 때가 있죠. 희망을 만들어야 하는 사람들이 걸어가면 그 뒤에 또 사람들이 같이 오고, 결국 길이 열린다. 지금 우리가 힘들고 어려워도 잡은 손 놓지 말고 계속 희망을 만들면서 가자. 블로그 만들었을 때, 그때가 2009년이거든요. 민주정부 10년 끝에 MB 정부가 들어섰을 때였잖아요. 힘들 때였죠.

— 박 대표 얘기를 듣다 보면 핵심적인 단어들이 느껴져요. 첫째는 굉장히 현장을 중시하는 사람이구나. 두 번째는 우리 사회에서 나름대로 주체로서 살아야 되는 중요한 위치에 있는 여성의 문제. 세 번째는 항상 아래로 향하는 것 같다. 소외되고 어려운 사람들에게 시선이 가 있다. 그런 느낌을 받거든요. 그것도 일회성이 아니라 상당히 일관적이고 지속된 행동을 보이고 있는데요. 이런 행동의 원천이 뭘까요?

원천요? 마음이죠. 공감하는 힘. 저는 어떤 현상들을 접하잖아요. 그러면 아 이게 슬프다든지 안타깝다든지 그런 느낌이 먼저 와요. 그리고 그런 느낌을 더 알려고 하죠. 이런 느낌을 주는 이게 무슨 문제인가. 알려고 하면 현장으로 갈 수밖에 없죠. 현장에 그 답도 있어요. 또 그 현장에 있는 사람들이 무언가를 해내더라, 이걸 뒤에 알게 됐잖아요. 그러니까 현장에 계속 가는 힘은 그렇게 나오는 것 같아요.

— 어려운 사람에게 마음이 쏠린다, 이런 말씀이지요?

어렵고 힘든 사람에게 계속 가게 되는 이유는 종교의 영향도 있고요. 어릴 때 함께 살았던 가족이나 언니들, 언니의 친구들, 이웃들이 저를 예뻐해주고 잘해줬잖아요. 그 사람들이 어려운 사람들이었죠. 그 사람들에게 좋은 감정을 갖고 있고 고마운 마음을 갖고 있는 거죠. 가난한 사람이 돈이 없을 뿐이지 인간적인 품격이 없나? 문학과 예술에 대한 관심도 많고, 자기보다 더 어려운 사람을 돕는 사람도 많고요. 그런 경험을 많이 했기 때문에 더 마음이 간다고 할까요? 어려운 사람들도 먹고살 걱정을 적게 하고 자기 마음에 품고 있는 뜻을 펼치게 도와준다면 얼마나 세상이 좋아질까? 하는 생각을 늘 해요.
사람들이 어려움을 겪고 있으면 제 마음이 움직이고, 제 마음이 움직이니까 이야기에 귀를 기울이게 돼요. 어려운 분들 이야기에 귀를 기울이면 그분들이 참 부당한 대우를 받고 있는 경우가 많은 걸 발견하게 돼요. 이분들 잘못이 아니라 사회가 잘못됐다면 이 사회를 고쳐야 하잖아요. 또 이분들이 이렇게 온몸으로 바위에 계란치기 하는데 내가 갖고 있는 능력에서 도움이 된다면 뭐든 해야지, 이런 마음입니다.

— 살아온 과정을 보면 결코 순탄하지도 않고 오히려 험난한 생활의 연속이었다고 느껴집니다. 여성으로서 결코, 뭐랄까요, 삶을 살아오면서 이런 삶이 본인의 선택이었는지 아니면 운명처럼

다가왔는지, 어떤가요?

제가 어릴 때부터 독서와 종교의 영향을 받아 참된 사람으로 살고자 하는 삶의 지향이 분명히 있었습니다. 필요하다면 세상의 빛과 소금으로 쓰이기를 바랐죠. 하지만 구체적인 삶의 이력을 제가 계획하고 선택하지는 않았습니다. 이것을 꼭 해야지 마음먹은 것보다 내가 그 상황에 있었고 그 속에서 해야 하는 역할을 인간적 도리로 거부할 수 없었죠. 때로는 어려울 줄 모르고 재미로 뛰어들기도 했고요. 전체적으로 선택이었냐, 운명이었냐 하면 운명처럼 다가왔다고 할 수 있죠.

02

죄 없는 자, 미혼모에게 돌을 던져라

© 한겨레신문 강재훈 선임기자

죄 없는 자, 미혼모에게 돌을 던져라*

지난해 6월, 전남 나주에 사는 60대 여성 앞으로 갓난아기의 시신이 택배로 배달되는 엽기적 사건이 발생했다. 택배상자 안에는 "저를 대신해 이 아이를 좋은 곳으로 보내주세요"라고 쓰인 쪽지가 들어 있었다. 며칠 뒤, 경찰은 택배를 보낸 용의자를 체포했다. 범인은 택배 수취인의 서울 사는 딸이었다. 딸은 35살의 미혼모 이아무개 씨였다.

이 씨는 출산 직전 새벽 2시까지 포장마차에서 일을 하고 월세 25만 원의 고시텔에서 홀로 아이를 낳은 뒤, "혼자 사는 여자가 출산했다는 것이 알려질까 두려워서" 우는 아이의 입을 막은 채 탯줄을 자르고 몸을 씻다가 아기를 사망에 이르게 했다고 경찰은 밝혔다. 난방비도, 전화요금도 연체될 정도로 생활비에 쪼들리는 상황에서, 이 씨는 아기의 시신을 수건으로 감싸 방 한쪽에 밀어둔 채 6일 동안이나 그 방에서 구슬 꿰는 부업을 하거나 식당일을 다녔다고 했다. 아기 엄마는 영아 살해

---

* 이 글은 2016년 10월 22일 『한겨레신문』, 「이진순의 열림」에 실린 인터뷰 글입니다. 저자의 동의를 받아 여기에 싣습니다.

와 시신 유기 혐의로 구속 기소되었다.

넉 달 뒤인 지난해 10월 정부는 저출산 문제 극복을 위한 기본계획안을 발표했다. 만혼으로 출산율이 줄고 있으니 학제를 개편해서 초중고 교육기간을 1년 줄이고, 청년세대 미팅을 정부가 주선한다는 방안도 기본계획에 포함되었다. 젊은 세대를 빨리 교육하고 빨리 결혼시켜 빨리 아이를 낳게 하자는 이른바 '패러다임의 전환'이었다. 참으로 '창조적'인 발상이었으나, 아기를 가져도 낳을 수 없는, 낳아도 기를 수 없는 여성들의 현실은 외면당했다.

우리나라 혼외자녀 출생률은 1.5%다. 경제협력개발기구(OECD) 36개국 가운데 36위로 가장 낮다. 미국이 38.5%, 프랑스나 노르웨이, 스웨덴 등이 50% 이상인 것에 비하면 현격한 차이를 보인다. 대한민국에서 아기는 잉태되어도 태어나지 못하고 태어나도 길러지지 못한다. 국내 미혼 임산부의 96%가 낙태를 하고 미혼모 자녀의 70%가 입양된다고 '추정'될 뿐, 정확한 통계도 파악되지 않고 있다. 결혼하지 않은 여성에게 임신과 출산이란 무엇일까? 낙태나 입양을 택하면 비정한 모정이 되고, 양육을 택하면 미혼모라는 '주홍글씨'를 평생 달고 살아야 한다. 이 씨의 경우처럼 영아를 유기하거나 살해하는 끔찍한 경우도 적지 않다. 미혼모의 임신은 모두의 문제이면서, 누구도 드러내길 꺼려 하는 금기로 존재한다.

한국미혼모지원네트워크의 박영미 대표는 봉인된 미혼모의 이야기를 꺼내서 햇빛 아래 내어놓는 사람이다. 지난 11일 서울 합정동 조용한 주택가 연립주택 2층에 자리한 한국미혼모지원네트워크 사무실을 찾았다. 거실엔 화가 구스타프 클림트의 〈생명의 나무〉를 본뜬 도안이 벽면 가득 그려져 있었다.

굳세어라 금순아

— 한국미혼모지원네트워크 뉴스레터의 고정칼럼 제목이 '금순이네 칼럼'이던데, 금순이가 누구죠?

"아니 그게 아니고… (웃음) 우리 단체명을 영어로 쓰면 그런 비슷한 발음(Korean Unwed Mother Support Network, KUMSN)이 돼요. 미혼모지원네트워크가 처음 만들어질 때 해외 입양인들하고 활동을 많이 했거든요. '진실과 화해를 위한 해외입양인 모임(TRACK)' 대표 제인 정 트렌카가 초대이사를 맡기도 했고요. 그래서 영어로도 쉽게 통할 수 있게 약칭으로 부르기 시작한 건데, 오래전에 한혜진 씨가 미혼모로 나온 드라마 제목도 '굳세어라 금순아'였어요.(웃음) 그래서 약칭을 금순이라고…."

— 요즘엔 미혼 대신 비혼이란 말을 써야 한다는 의견이 많아요. '미혼'이란 말에는, '마땅히 해야 하는 결혼을 아직 안 했다'는 의미가 담겨 있어서…. 미혼모지원네트워크에서 말하는 미혼모란 정확히 어떤 개념이지요?

"우리 영어 이름에 쓰인 '언웨드(Unwed)'는 '비혼'과 같은 의미예요. 처음 이 단체가 만들어질 때는 미혼모란 용어가 통상적으로 쓰여서 그 말을 그냥 쓰기 시작한 건데, 2010년 '한국미혼모가족협회' 구성 준비할 때 제가 '비혼모'로 하면 어떠냐는 의견을 내긴 했어요. 근데 어머니들 생각은 다르시더라고요. 그 무렵에 방송인 허수경 씨가 비혼모의 상징으로 떠올랐는데, 자기 의지에 따라 아빠 없이 아이 낳기를 결정하는 경우는 자신들하곤 다르다는 거였어요. 미혼모라고 하면 불쌍하고 무능하다고 인식되는 것도 문제인데, 용어를 바꾸기보다는 미혼모에 대한 편견과 차별이 없어지는 세상을 만들자고 하시더군요."

— 단체 소개를 좀 해주세요. 이걸 처음 만든 사람은 외국분이라면서요?

"맞아요. 리처드 보아스 박사라고, 미국에서 안과의사 하시는 분인데 한국 여자아이를 입양해서 키우셨어요. 입양한 딸을 위해서 한국을 방문했는데, 생모는 찾지 못했지만 감사의 마음을 전하고 싶다고 미혼모 시설을 방문했다가 거기서 큰 충격을 받은 거예요."

— 왜요?

"그때까진 한국도 미국이랑 비슷한 줄 알았다는 거예요. 미국에선 미혼 임신 여성이 아이를 포기하는 비율이 1%에 불과하거든요. 도저히 못 키울 형편일 때만 입양을 하죠. 근데 한국 미혼모들을 만나보니까, 자기 선택에 의해서라기보다는 거의 반강제로 입양을 할 수밖에 없는 현실이었다는 걸 알게 된 거죠."

— 그래서 '고아수출국'으로 불렸잖아요.

"그렇죠. 2006년 당시만 해도 미혼모 출산은 곧 입양을 의미했거든요. 보아스 박사는 '내 기쁨이 이들 미혼모의 아픔과 고통 위에 있었다'는 데 큰 충격을 받았대요. 그때부터 '한국 미혼모들이 자기가 낳은 아이를 스스로 키울 수 있도록 도와야겠다' 마음먹고 2008년 한국미혼모지원네트워크 한국 사무소를 개소한 거죠."

'낳을 거면 입양동의서부터 쓰라' 던 시절

박영미도 그 무렵 미혼모지원네트워크에 합류했다. 그는 미혼모가 아니다. 서울대 사회학과를 졸업하고 고향인 부산으로 내려와 노동운동을 하면서 아이 셋을 낳고 남편과 시부모님을 모시고 살았다. 여성 노동자들을 상담하고 지원하던 그는 2007년 '한부모 네트워크' 설립에 참여하다가 미혼모 문제에 관심을 가지게 되었다. 사회적 지탄 때문에 섣불리 자신을 드러내기를 두려워하는, 그래서 이혼이나 사별로 한부모가 된 여성보다도 더 어려운 형편에 있는 이들이었다. 2008년 한국여성단체연합 공동대표가 된 박영미는 본격적으로 미혼모 지원 사업에 뛰어들었다. 리처드 보아스 박사와 해외 후원자들의 지원에 의지하던 한국미혼모지원네트워크는, 2012년 국내 후원자에 기반한 비영리 사단법인으로 재발족했다.

— 그런데 좀 납득이 안 갑니다. 2008년 처음 보아스 박사가 시작할 때까지 미혼모가 아이를 키울 수 있게 지원하는 기관이 우리나라에 없었단 말입니까?

"그때까지 전국 33개 미혼모 시설 가운데 단 세 곳(애란원, 구세군 두리홈, 제주도 애서원)만이 양육미혼모를 지원해야 한다는 생각을 가지고 활동했어요. 33개 중의 절반은 입양기관에서 운영했는데 여기선 미혼임산부들이 들어가려고 하면, '입양할 거냐, 키울 거냐?'부터 물었대요. '키우겠다'고 하면 '자리가 없다'고 거절하고요. 입소 즉시 우선 입양동의서하고 친권포기각서를 쓰게 하고 아이 낳으면 얼굴도 안 보여주고 데려가는 경우가 다반사였어요."

— 그런 문제를 해외 입양아의 양부모가 제기하고 나섰다는 게 아이러니군요. 자기가 입양해서 예쁘게 키우고는 있지만, 아이는 가급적 친모가 키워야 한다는 생각을 했다는 거잖아요.

"오래전부터 미혼모가 아이를 키우는 것보다 입양시키는 게 아이에게 좋다는 인식이 우리 사회엔 지배적이었어요. 그런 입양신화를 깬 게 2000년대 초반 한국을 방문한 해외 입양인들입니다. '한국인들은 성장한 입양인을 보면 뭔가 성공하고 돌아온 걸로 아는데, 그런 사람은 정말 소수이고 많은 이들이 말 못할 마음의 상처를 안고 산다'는 걸 본인들 입으로 얘기하기 시작했거든요."

> 엄마는 입양이 최선이었다는 걸 철석같이 믿으시는데 어떻게 딸이, 입양 부모가 성폭행했다는 말을 하겠는가. 어떻게 인종차별이 심각해서 학교를 그만두고 싶었다고 말할 수 있나. 백인 양부모는 인종차별이 뭔지 알지도 못하고 이해하려고도 하지 않아서 그 차별을 막고자 아무 대응도 하지 않았다고 어떻게 말할 수 있나.
>
> 제인 정 트렌카, 『인종간 입양의 사회학』, 555쪽

— 그동안 여성계가 미혼모 문제를 너무 등한시해왔던 것 아닙니까?

"여성운동에서 미혼모 문제를 더 일찍 다루지 못한 데는 이유가 있어요. 미혼모가 아기를 입양 보내면, 자기가 임신하고 출산했다는 사실 자체를 비밀로 하니까요. 미혼모의 존재 자체를 어디서도 찾을 수가 없는 거예요. 미혼모 문제가 본격적으로 제기될 수 있었던 건, 양육미혼모들이 늘어나고 스스로 자신을 드러내기 시작한 7~8년 전부터죠."

미혼모는 문란하고 무책임하다?

2014년에 와서야 헌법재판소는 "입양기관이 미혼모가족복지시설을 함께 운영할 수 없다"고 판결했다. 입양기관이 미혼모에게 입양을 강권하는 폐단을 막기 위한 조처였다. 그보다 앞서 2011년 입양특례법이 제정되면서 친모가 아이의 출생신고를 하게 하고 입양 숙려 기간을 두어 생후 1주일이 지나기 전에는 입양을 결정할 수 없도록 했다. 그 때문에 친모임을 드러내기 꺼리는 미혼모들에 의해 영아 유기가 늘었다는 우려의 목소리도 있지만, 한 해 수천 명씩 이어지던 해외 입양 러시가 줄고 양육을 원하는 미혼모의 비율이 늘어난 것도 사실이다. 한국여성정책연구원 이미정 박사 연구에 따르면 양육미혼모가 1984년엔 5.8%에 불과했으나 2009년에는 66.4%로 급증했다. 문제는 여전히 변하지 않는 미혼모에 대한 사회적 냉대와 차별이다.

— '처녀가 애를 낳아도 할 말이 있다'는 속담이 있지요. 미혼모는, 변명의 여지가 없는 패륜녀, 헤픈 여자, 무책임한 인간이란 의미를 담고 있어요. 실제로 미혼모가 되는 사유는 어떤 것들이죠?

"이유는 미혼모 수만큼 다양해요. 누굴 사귀다가 헤어졌는데 헤어지고 나서 두세 달 뒤에 임신이 된 걸 알게 되는 경우가 많고요. 동거하다가 결혼하자고 했는데 막상 임신이 되니까 남자가 경제적 부담이나 사회적 책임이 두려워서 도망가는 경우도 있고요. 그 외에 경제적인 이유도 크지요. 여자가 임신하고 나면 일을 못 하니까 둘이 벌던 걸 혼자 벌자니 경제적으로 쪼들릴 거 아녜요? 그래서 자꾸 다툼이 일다가 헤어지게 되는 경우도 있고요."

— 그럴 때 여성을 지탄하는 말이 '그러길래 지 몸은 지가 간수했어야지!'란 거죠.

"왜 피임도 제대로 못했냐고 칠칠치 못하다고 하지요. 근데 그게 여자 혼자 할 수 있는 일인가요? 남자들은 여자가 피임을 잘하길 바라면서도, 피임도 모르는 순진한 여자이기를 바라잖아요.(웃음) 피임을 한다고 해서 다 뜻대로 되는 것도 아니고요."

— 하긴, 기혼자들도 피임에 실패해서 아이를 갖게 되는 경우가 많죠.

"피임을 한다고 했는데 잘 안 될 수도 있어요. 시험에 붙고 싶었는데 떨어지고, 공부를 잘하고 싶었는데 못하기도 하고, 그런 걸 일일이 욕하고 비난하진 않잖아요."

— 10대 청소년들이 미혼모가 되는 경우 비난은 더욱 거칠어집니다.

"10대의 경우 학교밖 청소년의 출산율이 학교청소년보다 두 배가 더 높습니다. 이들은 사실 가족의 박해를 피해서 도망 나온 케이스가 많아요. 일탈이 아니고 아동학대의 피해자인 경우죠. 사랑에 굶주리고 정에 목말라서 자기 아기가 자신의 유일한 가족이라고 느끼는 경우가 많습니다. 그래서 학교밖 청소년의 출산을, '애들이 발랑 까져서 그렇다'고 쉽게 욕할 수 없단 얘기죠. 근데 이들이 미혼모가 되면 대안학교 외엔 도로 학교로 복귀하기가 어려워져요. 무엇보다도 학부모들이 반대한대요. 자기 애들 물든다고…."

— 양육미혼모들의 연령대는 어떻게 됩니까?

"전체 미혼모를 약 16만 정도로 추산하는데 그중에 아이를 낳아서 직접 기르는 양육미혼모는 3만 5천명쯤 돼요. 그 가운데 30대가 제일 많고요."

— 아, 정말요? 10대가 아니고요?

"지금 30대가 돼서 미혼모가 되는 경우도 있지만 10대, 20대 때 미혼모가 된 사람들이 현재 양육미혼모로 집계되니까요. 미혼모 시설에 출산을 위해 들어온 사람들만 보면 20대가 절반 정도, 그다음이 10대고요. 임신 당시의 평균연령은 26.5살입니다."

— 26살이라고요? 미혼모가 되는 건 대개 경제력 없고 갈 곳 없는 10대들인 줄 알았어요.

"그렇지 않아요. 전문대졸 이상이 43%로, 특별히 학력이 낮은 것도 아니고요."

— 그럼 혼자 독립해서 아이를 기를 수 있는 여건 아닌가요?

"근데 소득은 월평균 117만 원 선이에요. 기초생활수급 지원금 같은 걸 다 합친 소득이 그래요. 우리나라 여성들의 일자리가 비정규직이 많다 보니까 임신하고 출산하는 동안 일자리를 잃는 경우가 대부분이죠. 행여 들킬세라 복대를 칭칭 감고 다니다가 발각이 나서 쫓겨난 경우도 있고요. 제가 아는 어떤 분은, 대기업에서 일하고 있었는데 회사에서 임신한 거 알고는 계속해서 혼인신고서 가져오라고 했대요."

— 혼인신고서를 왜요? 출산휴가 받는 건 혼인 여부랑 상관없잖아요.

"전혀 상관없죠. 그렇게 자꾸 눈치를 주고 이리저리 창피를 주는 거죠. 결국 못 견디고 나오고 말았어요. 그렇게 일자리를 빼앗기고 나면, 애 낳을 때쯤 되면 상황은 최악이 되는 거죠. 가진 돈도 다 떨어지고. 돈 들어올 데도 없고."

미혼모는 있어도 미혼부는 없다. 미혼모지원네트워크의 2016년 연구에 따르면 미혼부와 관계가 완전히 단절되어 있는 경우는 78%, 미혼부로부터 양육비를 지원받는 경우는 9.4%에 불과하다.

— 친자확인소송을 하고 양육비 청구를 하면 받아낼 수 있는 거

아닌가요?

“근데, 우리나라 미혼모는 그것도 쉽지 않아요. ‘내가 낳겠다고 우겨서 낳은 건데 어떻게 달라고 하냐’, ‘그러다 아이를 빼앗아 가면 어쩌나’ 그런 걱정을 하죠. 미혼모가 되는 순간 가족을 비롯해서 세상 모든 사람들로부터 손가락질당하고 욕먹다 보면 스스로 그렇게 생각하게 돼요. 어떤 분은 자기 남동생이 그러더래요. ‘누나는 자기 선택이라 그렇다 쳐도 애는 뭔 죄야? 그 남자(미혼부) 앞길은 왜 막냐?’고요. 가장 가까운 사람도 비난만 퍼붓는 거예요.”

낙태를 하면 모정도 없는 비정한 엄마가 되고, 낳아서 기르려고 하면 아이를 망치고 남자 앞길을 가로막는 재앙 덩어리가 된다. 여성은 어떤 경우에도 죄인이다.

낙태와 양육지원은 상반되지 않는다

— 미혼모의 사회 · 경제적 위치가 불안정하다 보니, 미혼모의 양육이 아동학대로 이어질 가능성도 생각해봐야 하지 않을까요?

“아동학대는 사람에 따라서 노출될 수도, 은폐될 수도 있어요.

사회적으로 가난해서 지원을 받아야 하는 경우, 아동에게 어떻게 하는지가 다 노출이 되지만, 재산이 많고 교육 수준이 높으면 아동학대가 있어도 은폐되기 쉽죠."

— 미혼모라고 아동학대 문제가 더 심각하다고 볼 수 없다?

"그럼요. 얼마 전에 아동학대에 대한 토론회를 갔는데, '기초생활수급자나 한부모 가정의 아동학대를 어떻게 방지할 거냐?'는 얘기가 나왔어요. 그런데 어떤 대학생이 문제 제기를 하더라고요. 자기가 지금 청년모임을 하고 있는데 전부 부모로부터 학대를 심하게 받은 사람들이라고, 근데 모두 경제적 형편이 좋은 가정 출신이래요. 지역사회나 종교단체에서도 지극히 모범적이라고 존경받는 부모들이라고요. 권력이 많으면 오히려 자기 자식이 뜻대로 안 움직인다고 정신병원에도 넣고 하잖아요. 은폐된 학대의 문제는 보지 않고 미혼모를 아동학대 가능성이 높은 사람으로 낙인찍는 건 부당해요."

— 미혼모라고 하면 왠지 무책임하고 결핍된 사람으로 보는 편견 때문이겠죠.

"이런 사례가 있어요. 교제하던 사람과의 사이에 아이가 생겨서 결혼을 했대요. 집안에서는 임신한 걸 알고 '귀한 혼수'를 해 온다고 축복하고 기뻐했대요. 근데 남편이 신혼여행 다녀와서 사고로 사망한 거예요."

— 저런….

"혼인신고도 하기 전에 사망한 거죠. 미혼모가 안 되려고 아이 출생신고 전에 혼인신고를 하러 갔더니 죽은 사람은 혼인신고가 안 된다고 하더래요."

— 그랬겠죠.

"그러고 나니까 보는 사람마다 이분더러 '아이 지우라'고, 그것이 아이 엄마를 위하는 것처럼 얘기하더래요. 그 소리 듣기 싫어서 가족들 피해서 숨어 다니셨대요. 아이도 똑같은 그 아이, 엄마도 그 엄마인데 미혼모가 되고 보니 하루아침에 '축복받던 생명'이 갑자기 '없어져야 할 재앙 덩어리, 저주 덩어리' 취급을 받게 된 거예요."

— 그분은 자기 소신을 택하셨지만, 실제로 그 과정에서 낙태하거나 입양을 선택했다고 해서 어떻게 비난을 할 수 있겠어요?

"그래요. 미혼모가 아이를 버리는 게 아니라, 이 사회가 미혼모에게서 아이를 빼앗아 가는 셈이죠."

— 비혼 임신여성의 낙태에 대해선 어떻게 생각하세요? 우리나라에선 여전히 낙태는 불법입니다. 최근 낙태 허용을 둘러싸고 찬반논쟁이 벌어지고 있는데, '미혼모의 출산과 양육을 지원하자'는 것과 '여성의 낙태를 허용하자'는 것은 상반되는 논리인가요?

"제 안에서는 상반되지 않아요. 다들 인생을 걸고 고민해서 선택하는 거잖아요. 낙태하는 사람을 두고 '너는 생명을 소중하게 생각해야지, 저렇게 애 키우는 사람도 있는데 넌 왜 못 하냐?'고 비난할 수 없습니다. 낙태와 양육은 여성 모두가 안고 있는 문제예요. 양육미혼모들이 그러세요. '난들 낙태 생각 안 해봤겠냐? 내가 아이를 낳아 기른다고 낙태를 생각하는 사람들을 비난할 수 없다'고요."

— 낙태를 하든 아이를 낳든 여성의 자기결정권 차원에서 봐야 한다는 말씀인가요?

"예. 다만 미혼모든 기혼자든 아이를 낳아 기르는 선택을 좀 더 가볍게 할 수 있는 사회적 환경이 되면 좋겠어요. 결혼해서 사는 사람도 애 낳기 힘든 세상이잖아요. 지금 우리 사회는 아이를 짐과 부담처럼 느끼게 만들어요. 사실 애 엄마 입장에서 보자면 애가 있어서 힘들지만, 애가 있어서 행복해요. 아기를 낳아 기르면서 기쁨을 느끼는 사람이 많을수록 좋은 사회잖아요. 그런 세상이 되길 바라는 거죠."

비난받을 일도, 동정받을 일도 아니다

— 여성운동을 오래 하셨는데, 미혼모들이 아무래도 상처에 많이 노출되는 분들이다 보니 함께 활동하는 데 특별히 조심스럽거나 어려운 점은 없으세요?

"그런 건 없어요. 그분들이나 저나, 사람 도리를 하면서 살려고 하는 것뿐이에요. 처음엔 저도 미혼모 엄마들을 볼 때 '얼마나 고생이 많겠나! 불쌍하다'는 생각으로 대한 적도 있어요. 근데 이분들은 낙태 유혹도 뿌리치고, 입양 유혹도 뿌리치고, 자기 인생 자기가 책임지면서 사시는 거잖아요. 가족한테서도 욕먹고 미친년 소리 들으면서…. 대화를 나누면서, 그렇게 잘 헤쳐 나온 엄마들이 얼마나 용감하고 강한지 절감하게 되었어요. 나중엔 제가 이분들을 정말로 존경하게 되었죠. 이렇게 사람 도리 다하려고 애쓰는 사람들을 비정상자 취급하는 사람들이 진짜 비정상이에요."

— 미혼모를 자선이나 시혜의 대상으로 보는 게 잘못되었다면, 우리가 미혼모들 문제에 관심을 가져야 하는 이유는 뭐죠? 왜 그들 권리를 옹호하고 사회적으로 그들 편이 되어야 하죠?

"그들의 권리를 옹호한다는 건, 기본적으로 학업권, 노동권, 그리고 이웃으로 존중받으면서 살 권리를 보장한단 뜻이에요. 그분들이 무슨 잘못을 했죠? 아이를 임신한 게 죄인가요? 아이를 낳은 게 죄인가요? 살짝 몰래 연애하고 애 생기면 모른 척하고 버리고… 그런 사람들이 잘못이지 이들에게 무슨 잘못이 있어요? 이 사회가 자의적으로 정해놓은 기준으로 이 사람들을 나쁘다고 단정하고 불이익을 주는 거잖아요. 그건 불의입니다. 불의를 정의로 바로잡아야죠. 우리가 아이들의 권리를 보장해야 한다고 하면서, 그 부모를 못살게 굴고 제대로 생활할 수 없게 하면 아동의 권리가 보장되나요? 부모는 아동의 터전인데, 애들이 건강하고 행복하게 자라게 하려면 그 엄마들한테 이러면 안 되죠."

낙태를 금지하면서 미혼모의 양육을 지원하지 않는 나라는 잔인하다. 생명의 소중함을 훈계하면서 아기를 낳은 여성의 생명과 명예를 난도질하는 세상은 위선적이다. 박영미 대표는 다시 한 번 힘주어서 마지막 당부를 전했다.

"우리가 그들을 위해서 하는 일이 아니에요. 이제까지 부당하게 저지른 우리의 잘못을 바로잡는 일이에요."

03

길을 찾다

사회와 정부도 효도하는 시대

지난주에 어버이날이 있었다. 어버이날이 있는 주가 끝나는 일요일 밤에 친정아버지께서 전화를 주셨다. “아버지가 많이 못 도와줘서 미안하다. 열심히 하거라.” 아프신 아버지가 내 일을 도와주기 위해 꼬박 3시간 동안 전화를 돌리셨다는 어머니의 이야기를 듣고 눈물이 확 나왔다. 나도 아프면 귀부터 아파서 아플 때는 아무리 좋아하는 사람에게서 온 전화도, 반가운 소식을 알려주는 전화도 받기가 힘들다. 대상포진과 당뇨로 쇠약해져 몇 년째 바깥출입도 잘 못하시고 누워 계신 팔순의 아버지가 그 고통을 참아가면서 딸을 위해 전화를 돌리셨단다. 우리 어머니, 아버지께는 아무것도 한 것 없는 딸을 위해서….

나도 남편도 원래 아이들을 좋아하는 편이지만 시간도 돈도 여유가 없는 빠듯한 살림에 아이 셋을 키우다 보니 힘들 때도 있다. 정서적으로 물질적으로 충분하게 돌보고 보살피지 못해 아이들의 마음이 쓸쓸하고 거칠어져서 자기들끼리 상처 주며 싸우는 모습을 볼 때, 조금만 그 심정을 다독거려주면 될 일을 급하다고 결과만 요구하며 야단쳐서 아이들 마음을 다치게 해놓고 후회할 때, 양가 부모님들 생각을 많이 한다. 우리보다 더 빠듯하고 힘든 살림에 어떻게 팔남매, 육남매를 다 키우셨을까? 지금의 우리들 같았으면 엄두도 내지 못할 일인데.

"그때는 다 그렇게 살았으니까 그렇게 사는 줄 알고 살았지, 지금 그렇게 살라고 하면 못 살지." 하시지만 삼사십 된 자식들에게 대하는 부모님들의 마음 씀씀이는 우리들이 자녀를 대하는 마음보다 더 넓고 깊은 것 같다.

환하고 따뜻해서 버스에 앉으면 잠이 솔솔 오는 봄이면 버스에서 돌아가신 어머님을 뵙곤 한다. 버스 앞면 전체 유리 앞으로 어머님이 환한 웃음을 지으며 나타나신다. 돌아가시기 한 달 전에 사드린 초록색 봄 스웨터를 입으신 모습으로. 반가움과 그리움으로 눈물이 왈칵 쏟아지지만 마음은 기쁘다. 돌아가신 어머님께 아직도 사랑을 받는 느낌으로 마음이 행복으로 가득해진다.

어머님은 한평생 자식 뒷바라지로 고생하다 돌아가셨다. 외아들에 바깥일로 바쁜 며느리를 둬서 집안 살림까지 맡아주시느라고 늘그막까지 고생하시다 위암으로 1년 반의 투병 끝에 돌아가셨다. 항상 긍정적으로 생각하시고 명랑한 기분을 가지려 노력하셔서 아파 누워 계셔도 어머님이 살아계실 때가 가족들이 더 행복했던 것 같다. "내가 치매가 아니고 암이니까 너나 나나 얼마나 다행이냐." 어머님이 웃으며 하신 말씀이 남아 어려울 때 나에게 힘을 주고 있다.

우리 어머니 아버지만 그랬겠는가? 우리들 모두의 어머니 아버지께서 다 그렇게 삶을 살아오셨다. 제비새끼처럼 입 벌리고 바라보는 자식들만 아니라 어린 나이에 시집가고 장가가서 모진 시집살이도 겪어내면서 부모 봉양도 묵묵하게 해오신 분들이다. 가정적으로만 아니라 나라와 사회적으로도 열심히 땀 흘려 일하면서 나라를 일구고 사회를 가꾸어왔다. 고용보험도 산재보험도 연금도 아무것도 보장되지 않은 상황에서 지금 젊은이들이 3D업종이라고 기피하는 일보다 더 힘든 일을 몸뚱이 하나로 겪어낸 분들이다.

저출산 고령화 사회를 들먹일 때마다 마음이 힘들다. 나이 들어 오래 사는 것이 죄인 것처럼 어머니 아버지들이 느끼실까 봐, 한평생 고생한 것 몰라주고 놀고먹으면서 자식들 돈이나 국가 돈이나 축내는 사람들로 취급한다고 서러워하실까 봐 마음이 아프다.

어머님 돌아가시기 한 달 전, 시장에 갔더니 너무 색이 고운 스웨터가 있어서 어머님께 사드렸다. 날 받아놨는데 이리 예쁜 옷을 사 왔냐고 너무 기뻐하셨다. 어머니를 생각할 때마다 어머니는 항상 그 스웨터를 입고 계신다. 가정만이 아니라 사회와 정부도 효도하는 시대가 되었다. 효도는 부모님 마음을 헤아리는 데서 시작한다는 말, 다시 한 번 생각해야겠다.

부산일보 / 2006-05-16

장시간 노동은 옛말이 됐나?

1980년대 중반 군사독재정권의 서슬이 푸르던 시절, 나 역시 20대 중반으로 10대, 20대 여성들과 함께 서울 구로공단의 전자회사를 다녔다. 점심시간 40분을 빼고 아침 8시부터 저녁 6시 40분까지 하루 10시간을 기본으로 일했다. 당시 근로기준법상 주당 기본 노동시간이 48시간이었으니, 매일 무조건 잔업을 2시간 한 것이다.

이것만 해도 1주일 60시간 노동인데 이것으로 끝나지 않았다. 일상적인 잔업에 2주일에 한 번쯤은 일요일 근무가 기다리고 있었다. 그중에 3시간짜리 잔업이 제일 문제였다. 잔업은 미리 예고되기도 하지만 갑자기 요구되는 적이 많았다. 오후 4시쯤 라인 전체 소집 명령이 내려지면 분명히 잔업이다. 잔업 지시 앞에선 데이트 약속도, 고향에서 엄마가 올라오는 것도, 몸이 아픈 것도 다 소용이 없었다.

잔업은 노동자가 동의해야만 시킬 수 있다는 근로기준법이 엄연히 존재했다. 그럼에도 불구하고 잔업을 못 한다고 하면 완전히 역적 취급하면서 회사와 나라가 망해도 자기 이익만 생각하는 이기적인 인간이라며 사람들 앞에서 대놓고 비난했다.

주당 평균 75시간을 일하고도 불시에 내려오는 잔업 때문에 잔업 없는 날 저녁조차 자신을 위해서 의미 있게 보낼 수 없는 것이 1987년 노동자 대파업 이전의 노동자의 일상이었다.

문제는 장시간 노동이 옛말로 끝난 것이 아니라는 점이다. 산업현장은 물론이고 심지어 공직사회에서도 여전히 심각한 곳들이 산재한다.

현직 경찰관들이 지구대 경찰의 열악한 근무형태가 행복추구권 등 국민의 기본권을 침해한다고 헌법소원을 냈다. 공직, 그것도 경찰이 내부에서 해결하지 못하고 헌법소원까지 낸 것을 두고 기강해이다 뭐다 말이 많았지만 차츰 경찰의 열악한 근무형태를 개선해야 된다는 방향으로 가고 있다.

또 하나, 얼마 전 제주자치경찰을 모집했다. 그중 37명을 국가경찰에서 보내주기로 했는데 지원자가 없으면 어쩌나 하는 우려와 달리 그 7배에 달하는 200여 명이 지원해 경찰 내부에서도 깜짝 놀랐다고 한다. 1계급 진급도 있었지만 자치경찰은 주간에만 근무한다는 것이 가장 큰 매력으로 작용했다는 후문이다. 20년 전엔 생산주임의 잔업지시 하나로 20대 꽃다운 여성노동자의 모든 생활을 옭아맬 수 있었지만, 이제는 노동시간을 줄이고, 열악한 근무형태를 개선해 삶의 질, 생활의 질을 높이고자 하는 요구는 명령에 살고 명령에 죽는 경찰공무원도 예외가 아닐 정도로 대세가 되었음을 보여준다.

20년 전과 비교해도 노동시간과 관련해서 많은 변화가 있는데 일제강점기부터 지금까지 변함이 없는 곳이 있다. 건설현장이다. 해 뜰 때부터 해 질 때까지 평균 하루 13시간을 일한단다. 새벽별 보고 나가서 밤하늘 별 보며 들어온단다. 어떤 아저씨는 일제강점기 때 만들어진 관행을 해방 후 60년이 지나도 누구도 바꿔줄 생각을 안 하는데 투표는 해서 뭐하고 선거는 해서 뭐하냐고 하신다.

일 자체도 힘들고 위험성도 많은데다 다른 사회활동은커녕 일상적인 가족생활조차 여유 있게 할 시간이 없는 것이 가장 큰 문제라 한다. 일하고 술 마시고 잠자고 다시 일하고…. 아내도 있고 자식도 있지만 일상생활에서 오순도순 이야기 나누고, 재미있게 드라마 보고 영화 볼 시간도 없으니 점점 멀어진단다. 소외되고 외롭단다. 대학을 나왔든 안 나왔든, 일용직이든, 기사든, 소장이든 건설현장에서 일하는 사람들은 다 똑같단다. 사는 게 일하고 돈 벌고 먹고 자는 것만이 아닌데 참 팍팍하다고 한다.

일하는 사람들의 건강을 위해서도, 화목한 가족생활을 위해서도, 실업자를 위한 일자리 창출을 위해서도, 충분한 휴식을 바탕으로 한 창의적인 노동을 위해서도 노동시간을 단축하고 열악한 근무형태를 개선하는 데 우리 사회 모두가 관심 가지기를 바란다.

부산일보 / 2006-06-13

프랑스의 힘!

70년대 내가 중·고등학교에 다닐 때, 일상생활에서 '노동자'라는 말을 들은 적이 없었다. 소설 속에서 접하게 되는 노동자는 노동현실과 사회정치현실에 저항하는 움직임과 함께 있어 뭔가 두려운 느낌을 주는 말이었다. 80년대, 노동자라는 말은 노동운동하는 사람들이 의식적으로 쓰는 말이었고 노동조합운동이 활성화되면서야 일상에서 자주 듣게 되는 말이 되었다.

레스토랑에 취직하여 빵을 만드는 삼순이가 노동자인가? 아닌가? 하는 간단한 질문에 청소년들의 의견이 분분하다 한다. 청소년들 사이에 인기가 높았던 드라마 〈궁〉에 나오는 상궁이나 내관은 노동자인가? 아닌가? 물론 노동자다.

하지만 아르바이트를 하고 있는 청소년은 자기 자신이 노동자인 것을 잘 모른다. 성인들도 마찬가지다. 지하철을 타고 출근하는 노동자들이 지하철 노동자들의 파업을 비난하는 데 합류하기도 한다. 자신이 노동자로 일을 하면서도 스스로를 노동자로 인식하지 못하고 노동자의 입장에서 노동문제를 바라보지 못한다.

그런 점에서 프랑스 노동현실은 많은 시사점을 준다. 노동자와 학생들이 총파업을 하고 100여만 명이 시위에 참가하고 몇 주 간의 투쟁 끝에 프랑스 정부가 새 노동법에서 최초고용계약제를 포기하게 만들었다.

우리는 어떤가? 사회양극화와 비정규직 문제가 심각한 사회 문제라는 공감대도 있다. 그럼에도 불구하고 비정규직 문제 해결을 위한 노동자들의 집단적 요구나 투쟁은 비난을 받는다. 노동자들이 자신들의 운명과 관련되는 노동정책에 대해 자기 주장을 하고 파업하고 시위하면 비난을 받는다. 당사자들의 주장을 신문이나 방송을 통해 충분히 알려주지도 않으면서, 평화롭게 알릴 수 있는 조건을 보장하지도 않으면서 분하고 억울하고 화가 나서 고함치는 모습만 야단치는 경우가 많다.

그런데 프랑스는 어째 고등학생들까지 동참했을까? 그 부모들은 아무것도 모르는 학생들을 선동했다고 교사들을 비난하지 않았나? 선생님들은 아무것도 모르면서 집회에 참여한다고 야단치고 집회에 참석하면 혼날 것이라고 조·종례 시간에 학생들을 단속하지 않았나? 파리 시민들은 차가 밀리고 시끄럽다고 불평하지 않았는지?

어째 프랑스 노동자들과 학생들은 아직 시행도 안 된 법을 놓고 어떻게 미리 결과를 예단해서 파업하고 시위까지 하는가? 우리는 파견직, 기간제, 특수고용 노동자들의 뼈아픈 현실을 몇 년 동안 체험하고서도 해결을 위한 힘을 모으지 못하는데. 프랑스 정부는 왜 큰 소리 한 번 못 내고 방어적으로 있다가 결국 노동자와 학생들의 요구를 수용하고 마는 것인가? 의

문이 꼬리에 꼬리를 잇는다.

파리 제10대학 학생지도부의 인터뷰를 보았다. 많은 학생들이 학교를 다니는 동시에 노동자로 일을 하고 있다 한다. 물론 우리도 그런 추세가 되어간다. 청소년 알바도 많다. 중요한 것은 그들이 노동현실을 정확하게 이해하고 있고 최초고용계약제가 자신의 삶과 프랑스 사회에 어떤 영향을 끼칠지 분명하게 안다는 것이다.

우리는 청소년 아르바이트 사업장의 44%가 노동법을 위반해도 문제인 줄을 노사 양측 모두 모르는 현실이다. 서울시 용역노동자의 28%가 최저임금 이하를 받고 있다는데 서울시뿐이겠나? 근로기준법 내용은 물론, 근로기준법이 있다는 사실을 모르는 노동자들도 많다.

새 노동법을 둘러싼 갈등에서 보여준 프랑스 사람들의 성숙함, 프랑스의 힘은 여러 요인이 있겠지만 특히 학교교육을 통한 노동법 교육에서 비롯되는 것이라 생각된다. 노동자의 권리에 대한 기본적인 인식이 사회 구성원들에게 전제되어 있기 때문에 노동자가 아닌 다른 계층의 시민들조차 그 문제가 현재의 노동자들과 미래의 노동자들의 삶에 끼칠 영향을 알고 파업과 시위의 불편함을 참을 수 있다는 것이다. 다수의 기업가와 우파적 정부도 수용할 수 있는 여지가 생기는 것이다. 모두가 공유하는 기본전제가 있다면 합의가 훨씬 쉽게 될 수 있는 것이다.

우리나라도 노사 갈등과 노사정 갈등이 많다고 탓만 하지 말고 노동법 교육을 모든 학교에서 일상적으로 실시하도록 하자. 그 길이 사회적 합의를 앞당기는 길이 되지 않을까?

부산일보 / 2006-04-18

교도소 성추행 사건이 남긴 교훈

교도관의 성추행으로 자살을 하려 했던 여성재소자가 끝내 숨졌다. 꼭 살아나서 개인의 억울함도 풀고 여성재소자의 인권도 보호받는 날을 직접 보아야 하는데 너무나 안타깝다.

여성운동을 하는 한 사람으로서, 특히 전국적인 여성단체의 대표로서 이 사건을 접하고 마음이 무척이나 무거웠다. 지금의 우리 사회에서 충분히 벌어질 수 있는 상황인데도 사건이 터지기 전에는 생각도 못한 자신이 참 원망스러웠다.

성폭력은 불평등한 권력관계 속에서 강자가 약자에게 행하는 폭력이다. 지금은 변하고 있긴 하지만, 외부와 단절된 교도소 공간에서 벌어질 수 있는 여성재소자에 대한 성폭력 우려와 대책이 그간의 여성운동에서 거의 없었던 것 같다.

물론 여성재소자에 대한 교도관의 성추행과 피해 여성의 죽음이 우리 여성운동이나 나에게 책임이 있는 것은 아니다. 그리고 보이지 않는 열악한 환경에서 묵묵히 교정업무에 땀을 흘리고 있는 대다수 교정공무원들의 책임도 아니다. 관리책임이 있는 교정당국과 아직도 구시대적 사고와 관행에서 벗어나지 못하고 전체 교정공무원의 얼굴에 먹칠을 하고 있는 일부 교정공무원들에게 제일 큰 책임이 있고, 국민의 대표로서 밑바닥의 소리까지 반영해서 국정을 바로잡아야 할 정치인들의 책임도 크다.

하지만 여성운동이 여성들 중에서도 우리 사회에서 가장 어려운 처지에 놓여 있는 여성들에게 관심을 좀 더 가졌더라면 여성운동은 이러한 여성들 중의 하나인 여성재소자들의 인권문제를 미리 제기했을 것이고 그렇다면 최소한 목숨을 잃는 데까지는 가지 않았을 것이다.

어떤 특별한 사건이 생기기 전에는 관심조차 가지지 못했던 문제가 비단 여성재소자 인권문제만이 아니다. 군산 대명동에서 성매매 피해여성들이 화재로 숨지기 전에는 성매매 피해여성들에 대해 깊이 생각하지 못했다. 한국여성단체연합 안에 기지촌 여성들을 중심으로 성매매 피해여성들을 구조하고 지원하는 활동을 하는 새움터라는 회원단체가 있었음에도 대부분의 회원단체들이 이 문제를 자기 문제로 생각하지 못했다.

노인의 다수가 여성들이고 질병과 외로움과 빈곤으로 많은 여성노인들이 고통을 받고 있으며, 고령화가 빠르게 진행돼 여성노인의 문제는 더욱 심각해질 것이 뻔한데도 대부분의 여성단체는 아직도 손을 쓰지 못하고 있다.

여성노동자들의 70%가 비정규직으로 차별과 저임금, 고용불안에 시달리고 있지만 이 문제를 해결하는 데 직접적인 힘을 보태는 여성단체는 너무나 적다. 더구나 비정규직 여성노동자만큼이나 열악하고 때론 더 힘들기도 한 영세여성자영업자들의 처지를 대변하는 단체는 없고 이제 그 어려움이 우리 눈에 들어오는 수준이다.

여성운동이 원래의 목적대로 이 땅에 사는 모든 여성들이 자기 삶의 주인으로, 세상의 주인으로 인간답게 사는 사회를 만들어가고자 한다면 더 어렵게 살아가는 여성들에 대해 더 깊은 관심을 가져야 한다. 더 깊은 애정을 가져야 한다. 관심을 가진 만큼 보이고 보는 만큼 변화를 위해 행동하는 것은 여성운동에서도 마찬가지가 아닐까?

무엇보다 중요한 것은 보다 많은 여성들이 여성운동에 함께 하는 것이다. 어른 아이 가릴 것 없이 도처에서 여성에 대한 성폭력이 일어나지만 그래도 여성단체 중에는 반성폭력운동을 하는 단체들이 많은 편이다. 생각하지도 못한 문제도 많지만 알고도 여성단체의 적은 역량으로 어떻게 할 수 없는 문제들이 더 많다.

자신의 생활이 팍팍하다고 느끼는 여성, 억울하고 분한 일을 당한 여성, 어려운 현실에 처해 있는 여성들이 여성운동에 참여해서 스스로의 문제를 함께 풀어나가야 한다. 부조리와 부정의를 바로잡아야겠다는 여성, 어려운 이웃들을 안타깝게 여기는 여성, 여성 모두를 위해 작은 힘이라도 보태려는 여성, 마음이 따뜻한 여성들은 모두 여성운동에 참여하자.

가신 님의 명복을 빌며 저승에서라도 맺힌 한이 풀리도록 노력해야겠다.

부산일보 / 2006-03-21

아이 키우기 좋은 나라?

아이를 낳고 기르는 것이 점점 힘겨워진다. 우리 부모님 세대는 제 먹을 것 제각각 타고난다는 말로 위안 삼으며 자식을 낳고 길러왔다. 그러나 그 말은 무책임한 부모의 넋두리가 된 지 오래다.

자아실현 때문이든 생활비를 벌기 위해서든 결혼과 관계없이 여성이 직장을 가지는 것은 바꿀 수 없는 시대적 흐름이 된 지 오래다. 기혼여성 4명 중 3명이 일을 나가고 있다. 누군가가 아이를 돌봐주지 않으면 일하면서 아이를 키울 수 없다. 아이들을 적게 낳지만 너도 나도 '남보다 더'가 안 되면 '남들만큼이라도' 아이들 뒷바라지를 하려고 하다 보니 자녀 양육 비용 부담도 만만치 않다. 이런 환경 속에서 아이를 낳지 않고 둘이만 즐겁게 지내기로 약속하고 결혼하는 부부도 드물지 않다.

그래서 몇 년 전부터 중앙정부나 지방정부 가릴 것 없이 '아이는 정부가 볼 테니 마음 놓고 낳으라'라든지, '아이 키우기 좋은 도시', '여성이 일하기 좋은 지역'을 정책 구호로 내걸었다. 아마 이번 5·31 지방선거에서도 후보자들마다, 정당마다 경쟁적으로 보육관련 정책을 공약으로 내세울 것이다.

지난주 여성가족부에서 2006년도 주요 업무계획으로 발표한 보육정책들에도 이런 노력이 담겨 있었다. 그것으로만 그쳤다면 좋았는데 "가격규제 예외시설을 허용하고 이에 대한 법규 마련을 심도 있게 검토하고 있다"는 내용을 동시에 언급한 것이다. 한 손으로는 보육의 공공성 확대를 통해 보육에 대한 국가와 사회의 책임을 강화하고, 한 손으로는 그것을 무너뜨리는 일을 하겠다는 것이다.

경제부처를 중심으로 2002년부터 음으로 양으로 보육료 자율화를 추구해온 세력들의 1차 승리라고 할까?

차별화된 고급보육서비스를 요구하는 수요층이 있고, 정부 보육료지원 안 받고 자기들 돈으로 질 높은 서비스를 받겠다는데 왜 그것을 허용하지 않느냐는 것이 보육료 자율화 시설 허용의 첫째 이유이다. 또한 질 높은 보육시설의 경쟁우위를 통해 전체 보육서비스의 질을 끌어올릴 수 있다는 게 두 번째 이유이다.

우리 아이들에게 더 질 높은 보육서비스를 제공한다는 것은 좋은 일이며 보육의 공공성 확대의 핵심적 내용이다. 그러나 그것은 '우리의 모든 아이들에게' 해당되어야 하지, '내 아이만', '다른 아이와 달리 내 아이만 특별하게' 추구하는 데 기여해서는 안 된다. 보육시설의 자율화는 보육시설을 서열화하며 보육비용을 높이는 데만 기여할 뿐이다.

이미 다수의 사회구성원들은 부모들이 부담하고 투자할 수 있는 사교육비의 차이로 부모의 사회적 지위가 자녀에게로 세습된다는 데 깊은 우려를 갖고 있다. 여기에다 태어나는 순간부터 부모의 소득수준에 따라 서열화된 보육서비스를 받게 한다는 것은 정부의 부처들이 앞장서서 사회양극화를 부추기는 꼴이다.

보육서비스는 일반 상품과 달리 보육서비스의 사용자가 유아라서 부모가 서비스 질에 대한 정확한 정보를 파악하기 어려운 특성을 갖고 있기 때문에 가격 자율화가 곧 서비스 질의 향상으로 이어진다는 보장은 전혀 없다. 오히려 '내 아이만큼은 잘 키우고 싶은' 부모들의 욕망과 시설 대표자 간의 불공정 담합이 결합한다면 일부 시설의 보육료 자율화 허용이 특별활동비 추가나 인상 등의 다양한 방법으로 전반적 보육료 상승을 불러오지 않는다는 보장이 없다.

이미 비용이 자율화된 사립유치원의 경우, 서울지역이 2002년 대비 2004년의 유치원 학비가 21% 인상된 현실과 보육료를 자율화한 이후에 보육비용이 4배 이상으로 늘어나면서 학부모와 정부의 부담이 모두 늘어난 호주의 경험을 무시해서는 안 된다.

'가격규제 예외시설 허용'이 정책화한다면 보육의 공공성 확대는 물 건너가고 보육재정을 확대해 봤자 밑 빠진 독에 물 붓기 식이 될 뿐이다. 부모들의 실질적 양육부담이 줄지 않으면 공보육을 통한 출산율 높이기도 실현되지 않을 것이며, 경쟁적이고 양극화된 보육환경에 유아들을 노출함으로써 우리 아이들의 유년 시절은 더욱 황폐화될 것이다.

아이들 키우기 좋은 나라는 꿈으로 그칠 것인가?

부산일보 / 2006-02-21

일하는 여성 모두에 출산휴가를

2002년 여성의 합계출산율 1.17 쇼크 이후 저출산은 우리 사회의 중심 화두 가운데 하나가 되었다. 저출산이 큰 문제가 되지 않는다고 생각하는 사람도 있지만, 고령화와 결부하여 미래 우리 사회에 짙은 그림자를 드리우고 있다고 우려하는 사람들이 더 많은 것 같다. 사람의 일이나 사회적 현상이 다 그런 것처럼 저출산도 재앙의 단초가 될지 축복의 씨앗이 될지는 그 자체보다 그 문제를 대하는 우리들의 관점과 대응에 좌우된다. 물론 '그 우리'가 실제 누구냐에 따라 정부부처를 비롯하여 각종 연구소, 기업, 사회단체와 여성단체들마다 대책이 크든 작든 차이가 생길 수밖에 없는 것 같다.

그런저런 복잡한 것을 다 인정한다 하더라도 저출산은 어쨌든 여성들이 아이를 안 낳고 적게 낳는다는 것 아닌가? 사실 아이를 낳고 안 낳고 적게 낳고 많이 낳는 것은 국가와 사회가 개인에게 의무와 책임을 부과하고 강제할 수 없는 개인의 선택 문제이며, 나름대로 주어진 사회 환경 속에서 자기 목적을 실현하는 합리적 판단의 결과라 볼 수 있다. 그러므로 저출산이 우려할 만한 현상이라고 본다면 최소한 '왜 여성들이 아이를 안 낳고 적게 낳는가' 하는 이유를 여성들로부터 잘 들어서 여성들이 우리 사회의 지속적 발전에 필요한 적정 수의 아이를 낳을 수 있도록 사회적·개인적 여건을 만들어줘야 한다.

여성에 대한 사회적 모성보호는 이런 여건들 중에 가장 기초적인 것이라 할 수 있다. 그렇지만 저출산이 사회적 화두가 된 상황에서 전체 여성들에 대한 모성보호는 고사하고 사회경제활동을 하는 여성들조차 출산휴가를 제대로 쓰는 여성들의 수는 너무나 적다.

1987년 남녀고용평등법 제정 이후 근로기준법과 남녀고용평등법, 고용보험법의 수차례에 걸친 개정을 통해 올해부터는 중소기업의 여성노동자들까지도 90일 출산휴가의 혜택을 받을 수 있게 되었지만 아직도 일부에 불과하다. 여성노동자의 70%를 이루는 비정규직은 출산휴가 중 계약기간 만료에 대한 대책이 없어 90일 유급 출산휴가는 여전히 그림의 떡에 불과하다. 보험설계사나 학습지교사와 같은 특수고용노동자들은 고용보험 대상자가 아니므로 해당사항이 없다.

나도 자동차보험설계사를 할 때 둘째를 낳았다. 함께 임신했던 수납 담당 여직원은 당시 일요일 포함해서 70일간의 산전후 휴가를 가진 반면에 나는 몸이 좋지 않고 수술도 해서 20일 이상을 입원해 있었음에도 수술에서 깨자마자 전화로 고객의 보험처리를 해줘야 했다. '산후에 팔다리를 잘못 쓰면 평생 골병이라는데 나는 나이 들면 다리보다 팔이 먼저 아플 거야' 하고 푸념하면서 전화를 받았는데 아닌 게 아니라 벌써부터 비오고 날 흐리면 팔이 무척 아프다.

산전후급여를 고용보험에서 주므로 사회경제적 활동을 한다 해도 고용 노동자가 아니면 출산휴가는 할 수가 없다. 우리 어머니들이 수십 년 전에 밭에서 일하다가 아이를 낳고, 아침 먹고 아이 낳은 사람이 그날 저녁부터 밥하고 그다음 날 밭에 나가 일하셨다고들 하지만 농촌에서는 이것이 옛날이야기가 아니라 현실이다. 2002년부터 출산한 여성농민에게는 30일간의 농가도우미를 사용할 수 있도록 70여만 원을 지원한다. 이 돈으론 30일도 쉴 수 없는 실정이다. 요즘은 겨울에도 비닐하우스를 하니까 애 낳고 삼칠일 간신히 보내고 갓난아기까지 비닐하우스에 데리고 가서 일해야 한다. 축산을 하는 농가에서는 임신한 여성농민이 송아지 낳는 것을 보조하다가 배를 걷어차여 유산하는 경우도 있다고 한다.

여성경제활동 참가율이 처음으로 50%를 넘었다. 그중에서 피고용인인 여성노동자들이 65% 조금 넘고 19%가 여성농민을 포함한 무급가족종사자이며, 자영업자가 16% 조금 못 미치는데, 이들 대부분이 여성노동자들 평균임금 수준에 왔다갔다 하는 영세업자들이다. 이들 역시 출산휴가는 꿈도 못 꾼다. 우리가 정말 저출산 문제를 심각하게 느낀다면 우선 사회경제활동에 참여하는 여성들의 출산휴가부터 확실하게 보장해야 되지 않겠는가? 나아가 모든 여성들이 최소한 산전후휴가 3개월만이라도 생계 걱정 없이 산후조리와 아이 돌보기에만 관심을 가질 수 있도록 사회가 보장해야 한다. 여성들이 임신과 출산을 고역으로 느끼는 한 저출산 문제는 해결되지 않을 것이다.

부산일보 / 2006-01-24

미인대회 유감

설거지를 마치고 모처럼 편안한 마음으로 텔레비전을 켰다. 화면 가득히 드레스 차림으로 예쁘게 치장한 여성이 보이더니 사라지고 남녀 사회자가 또 다른 멋지게 차려입은 여성을 소개했다. 아하! 미스코리아 선발대회구나. 그런데 새로 나온 여성의 모습이 방금 사라진 여성의 모습과 어쩜 그리 똑같을 수가!

이 세상에 무수히 많은 사람이 있지만 똑같은 얼굴을 한 사람은 없다. 사람 수만큼 얼굴이 다르고 성격도 다르다. 이름 모를 들꽃들도 저마다의 아름다움이 있듯이 사람들도 저마다의 아름다움을 가지고 있다. 개인적 선호도면 몰라도 꽃의 아름다움도 순위를 매기자면 웃을 일인데 사람의 아름다움에 순위를 매기는 일이 아직도 버젓이 벌어지고 있다. 지방정부가 예산까지 지원하면서 말이다.

수영대회나 마라톤대회, 수학경시대회처럼 우리 사회를 아름답게 가꾸기 위해서 미인대회도 필요한 것일까?

사람은 생활에서 아름다움을 추구한다. 더 아름답게 가꾸고자 하는 대상에는 자연과 사회만이 아니라 자신도 포함되는 것이 당연하다. 하지만 사람의 아름다움은 생활과 분리될 수 없다. 땀 흘려 일하는 모습에서, 사색에 잠긴 눈빛에서, 학구열에 불타는 자세에서 우리는 사람의 아름다움을 느낀다.

그러나 미인대회는 사람의 아름다움을 생활에서 떼어냄으로써 생활 속에 사는 사람의 아름다움이 아니라 박제된 아름다움, 혼이 없는 아름다움, 외형의 아름다움만을 추구하게 한다. 실제로 우리가 가정이나 직장에서 생활할 때 외형적 아름다움이 얼마나 큰 작용을 하는가? 그 사람을 모를 때, 함께 생활하지 않을 때만 외모가 크게 작용할 뿐이다. 미인대회의 미인들이 과연 함께 생활했던 사람들 속에서 얼마나 아름다운 사람으로 기억될까?

미인대회는 획일화된 기준으로 모든 여성들을 1등부터 꼴찌까지 서열을 매겨 무수한 여성들을 열등감에 시달리게 하고 규격화된 미인을 양산한다. 수영대회나 마라톤 대회는 전국에서 1등한 사람도 뉴스 시간에 얼굴 한 번 비추고 마는데, 미스코리아 선발대회는 본선 진출자들과 100개도 넘는 지역별 미인대회 입상자들까지 특별한 대우를 받는다.

게다가 올림픽에서처럼 메달을 따야 대접받는 것과는 달리 미인대회 입상자들은 포상이 엄청 많다. 미스코리아들은 모델 말고도 탤런트, 배우, 가수, MC, 리포터가 되겠느냐는 제의를 받는다. 인기도 얻고 돈도 벌고. 돈이 되나 안 되나가 가치판단의 기준이 되는 사회에서 미인대회 입상자들의 방송

진출은 외모가 정말 돈이 된다는 것을 보여준다. 여성의 사회적 노동권을 쉽게 인정하려 하지 않고, 여성의 노동을 뒷바라지하고 서비스하는 노동쯤으로 여기는 풍토 또한 같은 값이면 다홍치마라는 식으로 외모를 우선하게 만드니, 이래저래 외모에 투자해서 손해 보는 일이 없다는 인식을 깊게 심어주지 않겠는가?

미인대회에서 입상한 미인이 MC도 되고 탤런트가 되다 보니 자연히 누구처럼 머리 하고 누구처럼 쌍꺼풀 하는 식으로 되어 공장에서 찍어내는 상품처럼 얼굴형도, 코도, 눈도, 입매도, 몸매까지도 비슷한 미인들이 만들어진다.

더구나 날이 갈수록 미의 기준이 서구화되어 우리 여성들이 타고난 대로 가꾸고 다듬어서는 미인이 될 수가 없다. 그러니 깎고 붙이고 줄이고 늘리는 성형수술이 열풍을 일으킬 수밖에 없고 미스코리아대회를 보고 자란 우리 여성들이 가슴에 품고 있는 아름다운 여성상이 서양 여배우이다 보니 노랑머리, 빨강머리가 50~60대까지 순식간에 퍼져나갈 수밖에 없는 게 아닐까?

올해로 미스코리아 선발대회 중계방송을 끝낸다고 한다. 고마운 일이다. 하지만 케이블 방송에서 중계를 하지 않을까 걱정이다. 난시청지역이 많고 이를 해소하기 위해 유선방송에 가입하는 현재 상태에서는 케이블 방송의 중계도 공중파 방송의 영향과 다를 바 없으니 케이블 방송도 중계를 해서는 안 된다. 그리고 아무리 생각해도 미인대회를 해서 얻을 공공의 이익이 없는데 지방자치단체나 신문사도 이제 그만 미인대회에서 손을 떼야 하지 않을까?

국제신문 / 2001-06-06

모성보호 논쟁 유감

아이 세 명을 데리고 지하철이나 버스를 타면 시선이 집중된다. 내가 초등학교에 다닐 때만 해도 사남매, 오남매가 많았는데 지금은 둘 아니면 하나다.

우리나라가 가장 짧은 기간에 산아제한에 성공해 세계를 놀라게 했다 한다. 가난에서 벗어나고자 하는, 가난을 대물림하고 싶지 않다는 국민 열망에 국가의 대대적인 캠페인이 합쳐진 결과인 것 같다. 70년대를 산 사람들에게 가장 선명하게 남아있는 구호가 '딸 아들 구별 말고 둘만 낳아 잘 기르자'가 아닐까? 대부분 '둘도 많다, 하나만 낳자', '잘 키운 딸 하나, 열 아들 안 부럽다'는 구호까지 줄줄이 읊을 수 있을 것이다.

30여 년이 지난 지금 과연 우리 사회는 '잘 키운 딸 하나, 열 아들 부럽지 않은' 사회가 되었나? 딸만 둘, 딸만 하나인 부모들이 아들만 둘, 아들만 하나인 부모들과 똑같은 심정으로 세상을 바라보고 노후를 내다볼 수 있는 그런 사회가 되었는가.

열 아들 부럽지 않게 정성 들여 키운 딸은 직장에서 자기 능력을 꽃피우기도 전에 임신, 출산, 육아를 이유로 쫓겨나거나, 직장을 그만두어야 한다. 소위 선진국의 여성취업 곡선은 20대에 취업한 여성들이 40대까지 그대로 직장을 유지하다가 그 후 서서히 적어지는 종 모양인데 우리는 아직도 25세에서 35세 사이에 푹 내려갔다가 40대에 다시 20대 수준으로 올라오는 M자 모양을 그리고 있다. 그래서 대다수 잘 키운 딸들의 앞에는, 어머니 세대처럼 가사와 육아를 전담하면서 남편 등골 빼먹고 산다는 모진 말을 들으며 남편에게 의지해 살거나 고된 일과 낮은 보수, 열악한 노동환경에 시달리는 재취업 기혼 여성노동자의 삶밖에 놓여지는 것이 없다.

그뿐이랴! 사회가 임신 등을 이유로 여성들을 직장에서 밀어내면서 마치 여성들이 스스로 원해서 그만두는 것처럼 하거나, 기업은 '여자들에게 투자하면 손해다. 금방 결혼해서 그만두니까'라는 강변으로 대졸여성 채용을 거절한다. 그리고 선례가 없기 때문에 여성을 승진시키지 못하며, 여성을 써본 경험이 없기 때문에 그 자리에는 여성을 배치할 수 없다고 한다.

남들 보기에는 안정된 직장에서도 여성은 안전하지 않다. 남자 직원들은 이 업무 저 업무 돌아가며 경력과 실력을 쌓는 동안에 여성들은 은행에선 창구업무에, 사무실에선 문서 수발에, 시청 · 구청에선 복지나 민원 업무에만 배치되어 날이 갈수록 남자들과 간격이 생기게 된다. 다른 인력으로 쉽게 대치될 수 있으니까 인원감축이나 정리해고에선 우선순위가 될 수밖에 없고.

가정에서는 딸 아들 차별 않고 잘 키워왔는데 하나만 낳으라고 권유하던 정부는 지난 30년 동안 도대체 무엇을 했나? 지난 4월 국회에서 재계의 일방적이고 왜곡된 주장을 근거로 모성보호확대 개정 법률안 통과를 온몸으로 막았던 자민련의 명예총재는 70년대 산아제한정책, 인구정책 집행의 최고 책임자가 아니었던가? 정부와 정치인의 약속은 한갓 사탕발림에 불과한 것인가? 그것을 믿고 인생을 설계했던 백성의 어리석음만을 탓해야 하는지.

법률안 통과에 소극적인 정치인, 관료들과 적극적으로 반대한 재계 인사들은 딸의 아버지가 아닌가? 아니면 자기 딸은 돈으로 육아와 가사를 몽땅 해결할 수 있으니 걱정할 일이 없다는 것인지.

모성보호비용이 재계의 주장처럼 엄청나지도 않다. 그리고 반드시 해야 할 일은 돈이 들어도 해야 한다. 기업구조조정에는 나랏돈을 수십조 원씩 쓸어 넣고 사기꾼들에게도 몇십조 원을 떼이면서 다수의 국민에게 혜택이 돌아갈 일에 부담 운운하는 것이 맞지 않다. 새세대를 낳고 길러야 사회가 존속되고, 따라서 사회는 모성보호를 하는 것이 당연하다. 정부는 예산으로라도 이를 보장해야 하지 않을까? 여자 혼자 좋자고 아이 낳는 것도 아니고, 아이 낳는 일이 해도 그만, 안 해도 그만인 일이 아닌데 어째 우리 사회는 아직도 아이 낳는 문제 하나 제대로 보장을 못 해줄까? 정치가 국민을 편하게 해주는 것이라는 말은 하면서도 정치인들은 어찌 딸과 딸 가진 부모들의 가슴에 울분만 더 채우는지….

국제신문 / 2001-05-09

호주제, 미풍양속인가

결혼한 여성들이라면 누구나 한번쯤은 겪는 일이 있다. 이력서 같은 서류에 칸을 채워나가다 보면 단번에 끝나는 일이 없다. 호주와 본적을 적는 난에 꼭 친정아버지 이름과 본적을 적었다가 아차 하면서 다시 시아버지 이름과 본적을 적곤 하니까. 지우고 다시 쓸 때의 그 씁쓸한 느낌. 이런 일과 이런 기분을 결혼한 여성들이라면 대부분 겪었으리라.

혼인신고를 할 때 처음으로 호적을 뗐는데 결혼한 오빠들의 이름은 깨끗했으나 결혼한 언니들의 이름엔 가위표가 그어져 있었다. 남편의 호적에도 결혼한 시누이들의 이름엔 가위표가 어김없이 그어져 있었다.

그리고 남편의 호적에 새로 내 이름이 올라갔다. 부가입적(夫家入籍). 많은 여성들처럼 나도 혼인신고를 하면서 남편의 호적으로 옮길 때 태어나고 자란 아주 익숙한 토양에서 뿌리째 뽑혀 낯선 미지의 땅에 이식되는 느낌을 강하게 받았다. 결혼식 날엔 좋아서 입을 다물지 못했는데 정작 법적으로 그 효력이 발생하는 혼인신고 하는 날엔 침울할 수밖에 없었다.

여성이라면 모두 겪는 이런 일상사만이 아니라 많은 가정이 호주제 존속으로 인해 큰 고통을 겪고 있다.

이혼, 재혼 가정에서 어머니가 자녀에 대한 친권을 법적으로 인정받아 실제로 키우며 살아도 호주가 동의를 하지 않으면 아이는 엄마와 한 호적에 오를 수 없다. 동거인으로만 얹혀 각종 사회제도의 집행에서 가족으로 인정을 받지 못하고 또래들에게 놀림감이 되기도 한다.

반대로 남편의 혼외관계로 낳은 자식은 부인의 동의가 없어도 호주의 동의만 있으면 호적에 올릴 수가 있다. 딸이 혼인신고를 한다고 호적을 떼니 낯선 이름이 아버지의 자식으로 올라 있는 것을 발견하게 되었다는 기막힌 일도 있다. 호주가 사망하면 아들 - 손자 - 미혼인 딸 - 배우자 - 어머니 순으로 호주승계 순위가 되어 있어 실제의 피부양자인 아들이나 손자가 실제 부양자인 어머니, 할머니의 호주가 되는 경우가 다반사다.

이런 현상은 남자로 태어나는 것이 하나의 천부적 특권이며, 아무리 잘난 여자도 남자보다 못하고 아무리 못난 남자도 여자보다 낫다는 남성우월주의를 내재화시키는 역할을 한다.

이런 의식은 사회생활 직장생활에 연장되어 여자 상사, 여자 사장 아래서 일하는 것을 자존심 상하는 일로 생각하는 남성들의 모습으로 나타나고, 갖가지 사회제도와 법, 정책이 공식, 비공식으로 남성 중심의 내용으로 표현되게 만든다.

사람 아래 사람 없고 사람 위에 사람 없다고 했듯, 사람은 사람이라는 것 자체로 존엄하다는 것을 믿는 사람들이라면 호주제 폐지를 찬성하지 않을까 하는 생각을 해본다. 그런 의미에서 지난 1일 호주제 관련 민법 조항을 헌법재판소에 위헌 심판을 제청한 북부지원의 결정은 너무도 당연한 것이다.

국민 개개인의 신분사항(출생, 혼인, 사망, 입양, 파양 등)을 한 사람(호주)을 기준으로 해서 그 사람과의 관계를 중심으로 증명한다는 것은 불합리하다. 이 세상에 한 사람이 태어난다는 것은 어머니와 아버지 두 사람이 모두 있어야만 가능한데 아버지의 자식으로만 표현된다는 것은 현실에 맞지 않다.

더군다나 할아버지의 손자 또는 큰 아버지의 조카라는 관계로 호적에 오르는 것이 무슨 의미가 있나?

혼인이라는 신분 변동의 핵심도 다른 이의 남편이 되고 아내가 되는 것에 있는 것이지, 어떤 이의 며느리가 되는 것에 있지 않다.

호주제를 우리의 전통으로 잘못 알고 있는 사람들도 주변에서 쉽게 보곤 한다. 그러나 현행의 호주제는 우리의 전통이 아니다. 일제의 메이지민법을 강제로 이식시킨 1909년 일제통감정치 아래서 발표된 민적법에 그 원형을 두고 있다. 우리 가족생활과 사회관계를 왜곡시켜온 호주제의 민적법이 발표된 그 4월 1일에 호주제 위헌 심판 제청이 있게 된 것을 더욱 감사하게 생각한다.

국제신문 / 2001-04-11

비정규직 여성들의 하소연

며칠 전 평등의 전화를 찾은 한 여성이 호소를 해왔다. 대학을 졸업하고 금융업체 정규직 사원 모집에 원서를 냈다. 면접할 때는 3개월 정도만 인턴으로 있다가 정규직으로 전환시켜준다고 했다. 근무한 지 6개월이 지났으나 그 사이 규정이 바뀌어 인턴 기간이 1년으로 연장되는 바람에 여전히 인턴으로 일하고 있다. 똑같은 일을 하는데도 정규직 사원 임금의 절반 정도만 받고 토요일도 6시가 되어야 퇴근할 수 있으며, 일요일에도 메일을 통해 보내는 '강제특근명령서' 한 장이면 꼼짝없이 근무해야 한다. 정규직으로 채용해주지 않을까 하는 기대로 싫어도 싫은 내색은 하지 않고 있는데, 1년이 지나도 정규직이 되지 않으면 어떻게 하나 걱정이라고 했다.

근래에 비정규직 여성들의 상담이 부쩍 늘고 있다. 올해 3·8 여성대회에서 가장 많이 등장한 요구 역시 '비정규직을 정규직으로', '비정규직 법적권리 확보'였다. 전체 여성노동자의 70% 이상이 비정규직이라는 현실이 대다수 여성들에게 절박한 문제로 다가와 있는 것이다. 3개월 계약, 6개월 계약, 1년 미만 계약으로 특정한 시기에만 필요한 인원을 임시 채용해야 할 일도 물론 있다. 그러나 그것이 과연 몇 %이겠는가.

평등의 전화에 접수되는 비정규직 노동자들의 호소는 고용주들이 임금을 적게 주고 마음에 안 들면 쉽게 해고할 목적으로 비정규직을 채택하는 경우가 대부분이라고 한다. 매일 급식을 하는 학교에서 영양사를 일용직으로 채용해 2개월 단위로 고용하고, 똑같은 대학 나와서 3년째, 6년째 정직원과 똑같이 근무하는데도 여전히 임시직이란다. 정규직보다 적은 임금에, 낮은 대우에 언제 해고될지 모르는 불안감을 안고 그래서 휴가도 없이 휴일도 없이 시키는 대로 꼼짝없이 일하면서 1년에 한 번씩, 6개월에 한 번씩, 심지어 2개월에 한 번씩 시한부 계약을 당하는 사람들. 은행 방송사 제조업체 대학 호텔 백화점 할인점…. 우리가 아는 거의 모든 직장에 이 사람들, 비정규직이 있다. 그래서 3·8여성대회에서 여성들은 업종, 직종 가리지 않고 대졸 고졸 미혼 기혼 차이 없이 여성노동자라면 한 목소리로 외쳤다. "비정규직을 정규직화 하라"고.

비정규직이 된 사연도 갖가지다. 내가 아는 어느 호텔도 그렇지만, IMF 위기를 강조하며 정직원인 여성들을 계약직으로 바꾸고 다시 용역직으로 바꾼 회사가 많다. 계약직으로 바꿀 때 임금이 반으로 줄고 다시 용역직으로 되면서 3분의 1로 줄었다. 정규직 모집 광고를 내고 임시직만 뽑는 연구소, 3개월만 인턴으로 있으면 정규직 발령을 내준다고 하고선 계속 기간을 연장시키는 은행, 정직원이 10%도 안 되는 백화점 등이 있고, 직원을 몽땅 비정규직으로만 뽑는 회사도 늘고 있다. 취업을 기대하며 학교를 다니는 예비 여성노동자와 정성들여 키운 내 딸 내 손녀가 임시직으로 천대받고 불안에 떨며 일하고 있다는 생각을 하면 가슴이 떨린다는 어머니와 할머니도 함께 나서서 비정규직 문제를 해결하라고 소리 높인 까닭이 여기에 있다.

그런데 비정규직이라도 계약의 반복, 갱신으로 계속 근로가 1년 이상이면 마음대로 해고할 수도 없을 뿐 아니라 3개월, 6개월이라 해도 주차, 월차, 생리 휴가는 물론 시간외 근무수당과 산전후 휴가를 받을 수 있다는 사실을 아는 사람들이 몇이나 될까. 비정규직에게 보장된 법적 권리조차 몰라 겪지 않아도 될 어려움을 겪고, 당하지 않아도 될 수모를 당하는 것은 누구의 잘못인가? 법적 권리를 모르는 본인 잘못이라고 치부하는 것은 현실에 맞지 않는다는 것이 나만의 생각일까. 대졸이 아니라 대학원을 나온 여성들도 모르고 당하고, 방송업계에서 일하는 비정규직이나 노동부에서 일하는 임시직 여성들도 마찬가지인데….

여성노동자의 70%가 비정규직으로 차별받고 그나마 보장된 법적권리조차 모른 채 힘들게 일하는 것이 현실이 돼버렸다. 지금 이런 변화에 수수방관하는 사람들에게도 언제 닥칠지 모르는 일이다. 우리 자신의 가까운 앞날과, 자녀들의 미래를 위해서라도 비정규직 노동자들의 가슴에까지 고인 눈물을 함께 닦아야 하지 않을까.

국제신문 / 2001-03-21

모성보호와 경쟁력

기혼여성들의 사회 진출이 활발해진 지가 20년이 되어가건만 아직도 우리사회의 연령별 여성취업은 M자형이다. 여성 취업률은 미혼은 60~70%에 이르지만 결혼하고 아이 낳는 시기에는 바닥까지 내려가고, 그 후 40대 중반까지 올라갔다가 다시 내려간다. 20대 여성은 사무직으로, 40대 여성은 단순노무직으로 대표되는 변화를 거치면서.

제 아무리 실력 있는 여성이라도 일단 집에 들어갔다 하면 원래 자리로 복귀하기가 참 힘들다. 사회와 직업 환경의 급변으로 3~4년 쉬고 나면 따라가기가 어려울 뿐 아니라, 계속 실력을 쌓아도 아줌마라며 아예 기회를 주지 않는다.

대학의 같은 과 동기에 여자가 5명인데 현재 사회활동을 안정적으로 하고 있는 사람은 필자뿐이다. 동기 4명 중 둘은 대학원을 나왔고 나머지 둘은 해외유학까지 갔다 왔는데 출산, 육아로 3~4년 쉬고 나니 받아줄 곳이 없단다.

자기보다 더 나이가 많은 기혼여성을 팀원으로 받기가 꺼려진다는 남자들이 있어 안 되고, 공백 기간을 극복할 실력이 과연 있는지 없는지 모험이라서 안 된다고 하고…. 개인적으로,

사회적으로 그렇게 많은 교육투자를 했는데 반의 반도 써먹지 못하고 사장시켜버리고 있다니 정말 아깝다.

결혼, 임신이 해고의 사유는 될 수 없다고 남녀고용평등법에 분명히 적혀 있지만 아직도 많은 고용주들이 여직원의 청첩장을 사직서와 같은 의미로 받아들인다. IMF 이후에는 더 심해졌다. 임신부 보호, 산전후 휴가, 육아휴직에 따른 비용을 기업이 부담하기 때문에 임신 출산하는 여성들을 해고시키는 것이 불가피하다고 기업 측은 이야기한다.

모성 보호와 육아의 사회적 책임이 제도적으로 확립되지 않은 현실이 힘들어서 그만두고, 기업의 경쟁력을 낮출 수 없다는 명분으로 해고당하는데, 이것이 다시 여성차별의 근거가 되고 있다. "여성들은 결혼만 하면 직장을 그만두기 때문에, 똑같이 투자해도 효과가 낮아 채용이 어렵다"고 강변하면서 여대생 취업 욕구를 막거나 고졸 여성들을 10년 동안 단순 보조업무에 붙박아놓고, 여직원의 70% 이상을 비정규직으로 채우면서 우선 해고하는 현실을 합리화시키고 있다.

모성보호와 경쟁력이 충돌하는 것일까? 여성이 원래 남성보다 실력이 낮거나 직업의식이 약해서 발전이 느린 것이 아니라 모성보호가 불완전하고 불충분하기 때문에 중도에 일을 그만두고, 그래서 발전 가능성이 꺾인다는 것이 현실에 맞는 말이다.

나는 결혼을 먼저 하고 사회생활을 더 많이 한 선배로서 결혼을 앞두고 있거나 갓 결혼한 회원들이나 후배들에게 이런 말을 꼭 해준다. "결혼해서 새살림 차리고 임신하고 아이를 낳고 기르면서 직장생활을 하기가 쉽지는 않지만 어려움을 이겨내고 계속한다면 10년 후의 너는 너 자신에게 만족할 것이다"라고. 10년이면 강산만 변하는 것이 아니다. 중도에 그만두지 않고 관련 분야에서 10년 동안 지속적으로 열심히 일을 하면 전문가가 될 수 있다는 것이 나의 경험이다.

결혼을 해도 아이를 낳아도 일을 그만두지 않고 계속할 수 있도록 격려하고 자극을 주는 사회적 분위기와 열심히 일할 수 있는 사회적 여건이 갖추어진다면 사회 각 분야에서 훌륭한 실력을 갖춘 여성들이 많이 나타날 것이다. 그런 여성들의 모습을 보면서 우리 딸들은 자신을 더욱 쓸모 있는 존재로 만들기 위해 더 많은 관심과 시간을 쏟을 것이다.

국회환경노동위원회마저 임산부와 18세 미만의 청소년들에게 야간, 휴일근로를 시킬 수 있는 예외조항을 만들이 어두운 그림자를 드리우고 있는데 어느 정당의 총재 권한대행은 국가경쟁력을 확보할 때까지 모성보호 관련법 개정을 미루자고 한다.

여성의 사회진출 확대는 여성의 사회적 지위와 역할을 높이기 위한, 나라의 발전을 위한 중요한 요구이다. 또 법적 제도적 장치를 통해 모성 보호를 확대 강화해야 한다는 것은 일하는 여성들만의 요구가 아니라 일하는 여성들의 자녀와 남편들, 일하고자 하는 여성들과 그 가족을 포괄하는 폭넓은 사회적 공감대임을 정부 정당 관계자들이 분명하게 알았으면 하는 바람이다.

국제신문 / 2001-02-20

이 사람, 박영미 한국여성단체연합 공동대표*

한국여성단체연합 박영미 공동대표는 사람 좋게 보이는 얼굴에 조용조용한 말투의 소유자이다. 하지만 언제나 그렇듯 그가 내뱉는 한 마디 한 마디엔 확신에 찬 신념이 묻어났다.

박 대표를 만나는 데는 많은 시간이 걸렸다. 지난 3년간 한국여성단체연합 공동대표로 일한 그는 지난 1월 다시 남윤인순 대표와 이 단체의 공동대표로 재임하게 됐다. 대선과 총선을 둘러싼 여성계 활동, 여성부 축소 문제, 가족관계부 시행 등 복잡다단한 여성계 일로 언론과 만날 여유가 없었단다.

260개 여성단체가 가입된 여성단체연합은 이미경, 이경숙 의원과 지은희 전 여성부장관 등이 대표를 역임한 한국 여성운동의 대표적인 단체이다. 이런 자리에 부산여성단체 대표가 공동대표로 연임된 것은 의미가 있다.

"지난 3년간 서울과 부산을 오가며 생활하면서 고생도 많았지만 보람이 있었습니다. 여성계에 많은 성과가 있었고 여성운

---

* 이 글은 2008년 4월 8일 『국제신문』 이은정 기자의 인터뷰 기사입니다. 저자의 동의를 받아 여기에 싣습니다.

동의 지방 분권화에도 나름대로 기여할 수 있었다고 봅니다."

박 대표는 지난 1988년 부산여성노동자회를 시작으로 1995년 통합 부산여성회 회장, 2002년 부산여성단체연합 대표를 지내는 등 부산 여성운동의 대표 주자이다.

다른 분야도 마찬가지지만 여성계도 중앙집권적인 경향이 두드러진다. 정부와 직접 만날 기회가 많은 서울지역 여성단체들은 정부 지원이나 정책 반영에 큰 목소리를 내지만 지역은 소외되는 경향이 많다. 이런 분위기 속에 박 대표가 여성단체연합 수장을 맡으면서 부산이 전국 여성운동계에서 주목받을 수 있는 계기가 됐다.

"여성운동을 시작한 1980년대 후반에는 서울이나 지역이나 여성운동에 큰 차이가 없었지만 시대가 변하면서 지역여성계는 중앙에서 정해진 지침을 하달 받는 식으로 운영되는 경우가 많았어요."

박 대표는 지역 여성운동이 없으면 한국 여성운동의 발전이 불가능하다는 생각으로 지역 여성계와의 정보교류, 지역활동가 양성, 지역여성단체 역량강화를 위한 훈련 프로그램을 집중 강화해왔다. 1주일에 3~4일은 타 지역 여성단체를 방문하면서 현장의 목소리를 듣고 있다. 여성단체 대표지만 활동비는 그리 많지 않다. 그나마 얼마나 소중한 돈인지 알기에 도시락을 싸 다닌단다.

"지금 여성운동은 새로운 전환기에 접어들었습니다. 제도적 변화와 함께 이제는 실생활과 관련된 여성운동을 펼쳐야 할 시점입니다."

그는 한국여성단체연합 공동대표로 재임하는 동안 주력할 분야로 '여성운동의 대중화'를 꼽았다.

그동안 남녀차별금지법 제정, 성매매 방지 특별법 제정, 호주제 폐지 등 여성계의 빅이슈가 사라지면서 어떤 방향으로 여성운동을 펼쳐갈지 궁금했다.

"상황은 많이 좋아졌지만 아직 양성평등이 실현됐다고 확신할 수 없습니다. 아직도 일하는 여성들이 비정규직 등의 이름으로 차별받는 사례가 많습니다."

박 대표가 일하는 여성에 대해 갖는 관심은 각별하다. 서울대 사회학과 재학시절인 1983~1985년 여성들이 사회적으로 여성문제를 해결하기 위해서 조직화될 필요가 있다는 생각으로 서울 구로공단에서 노동자로 일하며 준법 투쟁을 벌였다.

"여성들은 사회적 측면이나 가족의 측면에서 문제를 해결할 수 있는 주체입니다. 여성운동을 하면서 어려운 때도 많지만 여성들이 사회적으로 깨어나 스스로 변화해가는 모습을 보면서 큰 보람을 느끼고 있어요."

그는 1980~1990년대 여성계가 주장하던 남녀평등 정책들이 시행되고 있지만 삶의 현실이 아직 나아지지 않았기에 풀뿌리 여성운동이 필요하다고 강조했다.

"여성 내부에 경제적 격차가 벌어지고 있고 비정규직화와 이혼 등으로 빈곤의 여성화가 가속화되고 있어요. 지난 90년대부터 부산여성회가 해왔던 여성들의 빈곤 해소운동을 함께 해결할 수 있도록 사업을 펼칠 계획입니다."

박 대표는 또 그동안 서울에서 경험한 여성 운동 인프라를 지역 여성운동에 접목해 지역 여성단체가 앞장서 여성관련 법과 제도를 만들어갈 수 있도록 돕겠다는 구상을 하고 있다.

박영미가 걸어온 길

961년	부산 출생
1974년	부산 광무초등학교 졸업
1977년	부산 부일여중학교 졸업
1980년	부산 데레사여자고등학교 졸업
1981년	서울대학교 사회과학대 입학
1982년	서울대학교 사회학과 학회장
1983년	구로공단 현장생활
1985년	서울대학교 사회학과 졸업
1986년 ~ 1987년	민주화운동
1988년 ~ 1994년	부산여성노동자회 활동가 및 사무국장
1995년 ~ 2005년	부산여성회 회장
1996년 ~ 2004년	부산진구자원봉사센터 소장
1997년 ~ 2000년	부산시 여성정책 자문위원회 위원
1998년 ~ 1999년	부산지역상담기관협의회 회장
1998년 ~ 1999년	부산KBS시청자위원회 위원
1999년 ~ 2004년	한국여성단체연합 조직위원회 위원장
2001년 ~ 2003년	부산북구자활센터 센터장
2002년 ~ 2004년	부산여성단체연합 대표
2005년 ~ 2010년	한국여성단체연합 공동대표
2005년 ~ 2006년	KBS 시청자위원회 위원
2006년 ~ 2007년	경찰청 혁신위원회 위원

2006년 ~ 2007년	여성농어업인육성자문위원회 위원
2006년 ~ 2008년	YTN시청자위원회 위원
2006년 ~ 2008년	대통령직속 지방이양추진위원회 위원
2010년 ~ 2011년	서울교육청 학생생활정책자문위원회 부위원장
2010년 ~ 현재	한국한부모연합 고문
2010년 ~ 현재	한국미혼모가족협회 자문위원
2011년 ~ 2012년	전국교육희망네트워크 공동운영위원장
2011년 ~ 2012년	풀뿌리여성센터 바람 대표, 상임트레이너
2012년 ~ 2017년	영도희망21 대표
2012년 ~ 현재	산복도로 르네상스, 행복 마을, 커뮤니티뉴딜 강사
2012년 ~ 2015년	부산주민운동교육원 공동대표
2013년 ~ 2016년	풀뿌리여성센터 바람 대표
2013년 ~ 현재	사)한국미혼모지원네트워크 대표
2014년 ~ 현재	여성가족부 정책자문위원 위원
2014년 ~ 현재	부산건강도시사업단 자문위원
2014년 ~ 2017년	서울시복지거버넌스 가족분과 위원
2015년 ~ 현재	교육희망네트워크 심의위원회 위원
2016년 ~ 2016년	한국가족사회복지학회 부회장
2016년 ~ 현재	영도장애인자립생활센터 운영위원
2017년 ~ 현재	커뮤니티 이루다 공동대표
2017년 ~ 현재	노무현재단 부산지역위원회 공동대표
2017년 ~ 2017년	문재인대통령후보 부산선대위 상임공동위원장
2017년 ~ 현재	더불어민주당 정책위원회 부의장
2017년 ~ 현재	대통령직속 저출산고령사회위원회문화혁신팀 분과위원
2017년 ~ 현재	더불어민주당 좋은지방정부위원회 자문위원
2018년 ~ 현재	대통령직속 지역발전위원회 자문위원